LIBRO FOTOGRAFICO PER VEGANI E VEGETARIANI

LA FRUTTA

IN IMMAGINI E PAROLE

CONOSCI COSA MANGI

SCOPRENDO IL MONDO DELLA FRUTTA

JOHNNY LEMONADE

"La frutta è la gioia della natura. È fresca, dolce e colorata - proprio come l'amore."

- Diane Ackerman -

LA FRUTTA IN IMMAGINI E PAROLE

© Copyright 2023 – Johnny Lemonade

SULLE IMMAGINI

MELE

Le mele, conosciute scientificamente come Malus domestica, sono tra le frutta più coltivate e consumate al mondo. La storia delle mele risale a migliaia di anni fa, con origini che affondano nelle regioni dell'Asia occidentale e centrale, in particolare nell'area dell'attuale Kazakistan. Le mele erano apprezzate dagli antichi Romani, Greci e Egizi, e le varietà coltivate erano spesso utilizzate sia per scopi alimentari che per scopi medicinali. Con l'espansione delle civiltà, la coltivazione delle mele si diffuse in Europa e in altre parti del mondo. Le mele divennero un simbolo di diversità e abbondanza, con numerose varietà di mele coltivate in tutto il mondo. Oggi, le mele sono uno degli snack più popolari e versatili e vengono utilizzate in una vasta gamma di piatti, dalle torte alle insalate.

Coltivazione delle Mele

Le mele sono coltivate in tutto il mondo e vengono prodotte in una varietà di climi e terreni. La coltivazione delle mele richiede una buona esposizione al sole e terreni ben drenati. Le mele sono coltivate da alberi, noti come meli, che producono fiori bianchi o rosa all'inizio della primavera. La raccolta delle mele avviene solitamente in autunno, quando i frutti sono maturi e pronti per il consumo. Le mele vengono raccolte manualmente o meccanicamente, a seconda delle dimensioni dell'azienda agricola e del tipo di mele. Le mele sono una delle frutta più versatili in cucina e possono essere utilizzate in preparazioni dolci e salate. Sono anche una fonte di fibre, vitamine e antiossidanti benefici per la salute.

Dati nutrizionali per 100 grammi di mele (a seconda della varietà):

- Calorie: circa 52 kcal
- Proteine: circa 0.3 g
- Carboidrati: circa 14 g
- Fibre: circa 2.4 g
- Grassi: circa 0.2 g
- Vitamina C: circa 0.5 mg (1% del valore giornaliero raccomandato)
- Vitamina A: circa 54 IU (1% del valore giornaliero raccomandato)
- Potassio: circa 107 mg (3% del valore giornaliero raccomandato)

Le mele sono una scelta nutriente e deliziosa per uno spuntino sano o un ingrediente versatile in cucina. La loro storia ricca e la varietà di varietà le rendono una parte preziosa della cultura alimentare globale.

PERE

Le pere, conosciute scientificamente come Pyrus, sono una delle frutta più antiche coltivate dall'umanità. La loro storia risale a migliaia di anni fa e le pere sono state coltivate in diverse parti del mondo. Originarie delle regioni dell'attuale Cina e dell'Asia occidentale, le pere erano già conosciute dagli antichi Romani, Greci, Cinesi ed Egizi. I Romani in particolare apprezzavano le pere per il loro sapore dolce e il loro profumo. Con l'espansione delle civiltà e delle rotte commerciali, la coltivazione delle pere si diffuse in Europa e in altre regioni. La varietà di pere cresciuta e coltivata è notevolmente diversificata nel corso dei secoli, con pere di varie forme, dimensioni e sapori. Oggi, le pere sono un frutto ampiamente consumato in tutto il mondo, apprezzato per il loro sapore succoso e la loro versatilità in cucina.

Coltivazione delle Pere

Le pere sono coltivate in una vasta gamma di climi, dalle regioni temperate alle zone subtropicali. La semina delle pere avviene di solito in autunno o in inverno, a seconda della varietà e delle condizioni climatiche locali. Le piante di pere richiedono un periodo di riposo invernale prima di produrre fiori e frutti. Le pere crescono su alberi, noti come perei, e producono fiori bianchi o rosa all'inizio della primavera. La raccolta delle pere avviene quando i frutti sono maturi e pronti per il consumo, di solito in estate o inizio autunno. Le pere sono una fonte di vitamine, fibre e minerali benefici per la salute. Sono spesso consumate fresche, ma possono anche essere utilizzate in svariate preparazioni culinarie, come marmellate, dessert e insalate.

Dati nutrizionali per 100 grammi di pere (a seconda della varietà):

- Calorie: circa 57 kcal
- Proteine: circa 0.4 g
- Carboidrati: circa 15 g
- Fibre: circa 3.1 g
- Grassi: circa 0.1 g
- Vitamina C: circa 4.2 mg (7% del valore giornaliero raccomandato)
- Vitamina K: circa 4.4 µg (6% del valore giornaliero raccomandato)
- Potassio: circa 119 mg (3% del valore giornaliero raccomandato)

Le pere sono apprezzate per il loro sapore dolce e la loro consistenza succosa. Sono un ottimo spuntino salutare e un ingrediente versatile in cucina.

BANANE

Le banane, conosciute scientificamente come Musa, sono uno dei frutti più popolari e consumati al mondo. La storia delle banane risale a millenni fa, con le prime tracce della coltivazione delle banane che si trovano in regioni dell'Asia meridionale e del Sud-est asiatico. Le banane erano coltivate da antiche civiltà, tra cui i popoli dell'India e dell'Indonesia. L'espansione delle rotte commerciali e l'arrivo degli europei in America tropicale portarono alla diffusione delle banane in tutto il mondo. Nel XIX secolo, le banane divennero un importante prodotto di esportazione dall'America centrale e dall'America del Sud verso gli Stati Uniti e l'Europa. Oggi, le banane sono una delle frutta più consumate globalmente e sono apprezzate per il loro sapore dolce e la loro praticità come spuntino.

Coltivazione delle Banane

Le banane crescono su piante di banano, che sono alberi perenni con foglie larghe e strette. Queste piante prosperano in climi tropicali e subtropicali, dove la temperatura è costantemente calda. La coltivazione delle banane richiede terreno fertile e ben drenato. Le banane vengono coltivate in grandi piantagioni, con la pianta che produce un solo grappolo di banane durante il suo ciclo di crescita. Dopo la raccolta, i grappoli vengono separati e distribuiti per la vendita. Le banane sono una fonte di energia immediata grazie all'alto contenuto di zuccheri naturali, in particolare fruttosio. Sono anche una buona fonte di potassio e vitamina C.

Dati nutrizionali per 100 grammi di banane:

- Calorie: circa 89 kcal
- Proteine: circa 1.1 g
- Carboidrati: circa 22 g
- Fibre: circa 2.6 g
- Grassi: circa 0.3 g
- Vitamina C: circa 8.7 mg (15% del valore giornaliero raccomandato)
- Potassio: circa 358 mg (10% del valore giornaliero raccomandato)

Le banane sono apprezzate per il loro sapore dolce e la loro consistenza cremosa. Sono consumate fresche o utilizzate in una varietà di ricette, come frullati, dessert e piatti da forno.

ARANCE

Le arance, conosciute scientificamente come Citrus × sinensis, sono uno dei frutti più iconici e apprezzati al mondo. La loro storia risale a millenni fa, con le prime tracce delle arance riscontrate in Cina e in alcune parti dell'India. In seguito, le arance furono portate in Europa dagli esploratori e viaggiatori arabi nel Medioevo. Durante il Rinascimento italiano, le arance divennero un simbolo di lusso e prestigio, spesso utilizzate come ornamenti decorativi in giardini e architetture. Con l'arrivo degli europei in America, le arance furono portate nelle Americhe, dove si adattarono bene al clima. Oggi, le arance sono coltivate in molte parti del mondo, ma sono particolarmente associate alla Spagna e all'Italia, dove vengono prodotte alcune delle varietà più rinomate.

Coltivazione delle Arance

Le arance crescono su alberi sempreverdi noti come alberi di arance. Questi alberi richiedono un clima caldo e umido per prosperare e producono fiori profumati all'inizio della primavera. Le arance iniziano come piccoli frutti verdi che maturano lentamente fino a diventare arance mature e succose. La raccolta delle arance avviene quando i frutti sono maturi e pronti per il consumo, di solito in inverno o inizio primavera, a seconda della varietà. Le arance sono spesso raccolte a mano per evitare danni ai frutti. Le arance sono conosciute per essere una ricca fonte di vitamina C, che è essenziale per la salute del sistema immunitario, e contengono anche altri nutrienti benefici per la salute.

Dati nutrizionali per 100 grammi di arance:

- Calorie: circa 43 kcal
- Proteine: circa 1 g
- Carboidrati: circa 8.2 g
- Fibre: circa 2.4 g
- Grassi: circa 0.2 g
- Vitamina C: circa 53.2 mg (89% del valore giornaliero raccomandato)
- Vitamina A: circa 225 IU (5% del valore giornaliero raccomandato)
- Potassio: circa 181 mg (5% del valore giornaliero raccomandato)

Le arance sono conosciute per il loro sapore dolce e succoso e sono consumate fresche o spremute per ottenere succo d'arancia. Sono anche utilizzate in molte ricette dolci e salate.

MANDARINI

I mandarini, noti scientificamente come Citrus reticulata, sono una varietà di agrumi che ha una lunga storia di coltivazione e consumo in diverse parti del mondo. Originari dell'Asia orientale, in particolare della Cina e dell'India, i mandarini sono stati coltivati per migliaia di anni e hanno una presenza significativa nella cultura asiatica. L'introduzione dei mandarini in Europa avvenne grazie ai commercianti e agli esploratori, e questi frutti divennero rapidamente popolari per il loro sapore dolce e la facilità di sbucciatura. Nel XIX secolo, la coltivazione di mandarini si diffuse in tutto il mondo, inclusi gli Stati Uniti e i paesi del Mediterraneo. Oggi, i mandarini sono uno dei frutti più amati e consumati, spesso associati a momenti festivi e stagioni invernali.

Coltivazione dei Mandarini

I mandarini sono coltivati su alberi sempreverdi noti come mandarinieri. Questi alberi prosperano in climi caldi e umidi e producono fiori profumati all'inizio della primavera. I frutti dei mandarini iniziano come piccoli e verdi e maturano gradualmente, sviluppando il caratteristico colore arancione e un sapore dolce. La raccolta dei mandarini avviene quando i frutti sono maturi, di solito in autunno o in inverno. I mandarini sono noti per la loro buccia facilmente sbucciabile e per i segmenti interni che sono separati e facili da consumare. I mandarini sono una buona fonte di vitamina C e contengono anche altri nutrienti benefici per la salute, come vitamina A e fibre.

Dati nutrizionali per 100 grammi di mandarini:

- Calorie: circa 53 kcal
- Proteine: circa 0.8 g
- Carboidrati: circa 13.3 g
- Fibre: circa 1.8 g
- Grassi: circa 0.3 g
- Vitamina C: circa 26.7 mg (45% del valore giornaliero raccomandato)
- Vitamina A: circa 681 IU (14% del valore giornaliero raccomandato)
- Potassio: circa 166 mg (4% del valore giornaliero raccomandato)

I mandarini sono noti per il loro sapore dolce e la loro facilità di consumo. Sono spesso consumati come spuntino fresco o utilizzati in varie preparazioni culinarie.

UVA

L'uva, conosciuta scientificamente come Vitis vinifera, è una delle piante da frutto più antiche coltivate dall'umanità. La sua storia risale a migliaia di anni fa e ha radici nelle antiche civiltà mesopotamiche, egiziane e romane. L'uva era considerata un simbolo di fertilità e abbondanza in molte culture dell'antichità. L'arte della vinificazione, ovvero la produzione di vino dall'uva, risale all'antico Egitto e Babilonia. L'uva era anche un frutto molto apprezzato in Grecia, dove veniva utilizzata sia per il vino che come frutta fresca. Con l'espansione dell'Impero Romano, la coltivazione dell'uva si diffuse in Europa, portando alla creazione di diverse varietà di uve da tavola e da vino. Oggi, l'uva è uno dei frutti più diffusi e versatili al mondo, con una varietà impressionante di colori e sapori.

Coltivazione dell'Uva

Le viti da uva crescono su piante legnose e rampicanti, note come viti. Queste piante richiedono terreno ben drenato e una buona esposizione al sole. Le uve sono coltivate in tutto il mondo, ma alcune delle regioni più famose per la produzione di uva da vino includono la Francia, l'Italia e la California. La raccolta delle uve avviene durante la stagione dell'annata, generalmente in autunno. Le uve vengono selezionate e raccolte manualmente o meccanicamente, a seconda della destinazione (consumo diretto o produzione di vino). Le uve sono una fonte di vitamine, minerali e antiossidanti benefici per la salute. Sono spesso consumate fresche, ma sono anche utilizzate per fare vino, succhi e frutta secca.

Dati nutrizionali per 100 grammi di uva (a seconda della varietà):

- Calorie: circa 69 kcal
- Proteine: circa 0.7 g
- Carboidrati: circa 18 g
- Fibre: circa 0.9 g
- Grassi: circa 0.2 g
- Vitamina C: circa 10.8 mg (18% del valore giornaliero raccomandato)
- Vitamina K: circa 14.6 µg (18% del valore giornaliero raccomandato)
- Potassio: circa 191 mg (5% del valore giornaliero raccomandato)

Le uve sono amate per il loro sapore dolce e la loro versatilità in cucina. Vengono consumate fresche, trasformate in vino e utilizzate in svariate preparazioni, dalla frutta secca ai dessert.

LIMONI

I limoni, noti scientificamente come Citrus limon, sono uno degli agrumi più iconici e apprezzati al mondo. La loro storia ha radici nell'antica India e Cina, dove venivano coltivati e utilizzati in cucina e per scopi medicinali. Durante l'espansione delle rotte commerciali e dei commerci, i limoni furono introdotti in Persia (l'attuale Iran) e poi in tutto il Mediterraneo, inclusa l'antica Roma. I limoni divennero particolarmente popolari durante l'era delle esplorazioni, quando i marinai europei li portarono a bordo delle navi per combattere lo scorbuto, una malattia causata da carenza di vitamina C. Questo contribuì alla diffusione globale dei limoni. Oggi, i limoni sono ampiamente coltivati in tutto il mondo, ma sono particolarmente associati alla cucina mediterranea e vengono utilizzati in svariate preparazioni culinarie e bevande.

Coltivazione dei Limoni

I limoni crescono su alberi sempreverdi noti come alberi di limone. Questi alberi prosperano in climi caldi e subtropicali, richiedendo una buona esposizione al sole e terreno ben drenato. La coltivazione dei limoni comporta la semina delle piantine di limone o l'innesto su portinnesti di altre piante di agrumi. La raccolta dei limoni avviene quando i frutti sono maturi, generalmente in inverno o primavera, a seconda della varietà. I limoni sono noti per il loro sapore acido e il loro aroma fresco, dovuto all'alto contenuto di olio essenziale nella buccia. I limoni sono una ricca fonte di vitamina C e contengono altri nutrienti benefici per la salute, come vitamina A, vitamina B6 e potassio.

Dati nutrizionali per 100 grammi di limoni:

- Calorie: circa 29 kcal
- Proteine: circa 1.1 g
- Carboidrati: circa 9.3 g
- Fibre: circa 2.8 g
- Grassi: circa 0.3 g
- Vitamina C: circa 53 mg (88% del valore giornaliero raccomandato)
- Vitamina A: circa 22 IU (0% del valore giornaliero raccomandato)
- Potassio: circa 138 mg (4% del valore giornaliero raccomandato)

I limoni sono apprezzati per il loro sapore unico e la loro versatilità in cucina. Sono utilizzati per condire piatti, preparare bevande rinfrescanti, fare dessert e molto altro.

LIME

I lime, noti scientificamente come Citrus aurantiifolia, sono piccoli agrumi dalla storia ricca e affascinante. Originari dell'Asia sud-orientale e delle regioni dell'India, i lime sono stati coltivati per migliaia di anni. Furono introdotti in diverse parti del mondo attraverso le rotte commerciali, compresa l'Europa e le Americhe, grazie agli esploratori europei. Il termine "lime" deriva dalla parola persiana "limu," che significa "limone" o "frutto acido." Inizialmente, i lime erano noti come "limoni persiani" prima di sviluppare la loro identità distintiva. I lime hanno una lunga storia di utilizzo in cucina, soprattutto nelle cucine asiatiche e latinoamericane, dove il loro sapore fresco e acido è ampiamente apprezzato. Sono un ingrediente chiave in molte ricette tradizionali, come guacamole, ceviche e curry. Oggi, i lime sono coltivati in tutto il mondo e sono ampiamente utilizzati come condimento e aroma in una varietà di piatti e bevande.

Coltivazione dei Lime

I lime crescono su alberi sempreverdi noti come alberi di lime. Questi alberi prosperano in climi caldi e umidi e richiedono una buona esposizione al sole. La coltivazione dei lime coinvolge la semina delle piantine di lime o l'innesto su portinnesti di altre piante di agrumi. La raccolta dei lime avviene quando i frutti sono maturi, di solito in inverno o primavera, a seconda della varietà. I lime sono noti per il loro sapore acidulo e aromatico, grazie all'alto contenuto di oli essenziali nella buccia.I lime sono una fonte eccellente di vitamina C e contengono altri nutrienti benefici per la salute, tra cui vitamina A, potassio e calcio.

Dati nutrizionali per 100 grammi di lime:

- Calorie: circa 30 kcal
- Proteine: circa 0.7 g
- Carboidrati: circa 10.5 g
- Fibre: circa 2.8 g
- Grassi: circa 0.2 g
- Vtamina C: circa 29.1 mg (49% del valore giornaliero raccomandato)
- Vitamina A: circa 50 IU (1% del valore giornaliero raccomandato)
- Potassio: circa 102 mg (3% del valore giornaliero raccomandato)

I lime sono amati per il loro sapore distintivo e sono utilizzati in tutto il mondo per insaporire piatti, preparare bevande e dare un tocco di freschezza a molti piatti tradizionali.

CILIEGIE

Le ciliegie, conosciute scientificamente come Prunus avium, sono una delle frutta più antiche coltivate dall'umanità. La loro storia risale a migliaia di anni fa, con le prime tracce di coltivazione delle ciliegie che si trovano nell'antico Medio Oriente, in particolare nell'attuale Turchia. Le ciliegie erano conosciute e apprezzate dagli antichi Romani, Greci e Egizi. Durante il Medioevo, le ciliegie divennero un alimento importante in Europa e venivano utilizzate in cucina e per la produzione di vino. Le varietà di ciliegie si diversificarono nel corso dei secoli, dando origine a varietà dolci e acidule. Con l'arrivo degli europei nelle Americhe, le ciliegie furono portate nel Nuovo Mondo, dove furono coltivate e adattate alle diverse regioni. Oggi, le ciliegie sono ampiamente coltivate in molte parti del mondo e sono apprezzate per il loro sapore dolce e succoso.

Coltivazione delle Ciliegie

Le ciliegie crescono su alberi noti come ciliegi. Questi alberi richiedono climi temperati e ben marcati inverni freddi per fruttificare appieno. La semina dei ciliegi avviene generalmente tramite innesti su portinnesti specifici. I fiori bianchi o rosa dei ciliegi sbocciano all'inizio della primavera. La raccolta delle ciliegie avviene quando i frutti sono maturi, di solito in primavera o inizio estate. I ciliegi sono noti per la fragilità dei loro frutti, che richiedono una manipolazione delicata durante la raccolta. Le ciliegie sono una fonte di vitamine, minerali e antiossidanti benefici per la salute. Sono spesso consumate fresche o utilizzate in preparazioni culinarie, come dolci, marmellate e conserve.

Dati nutrizionali per 100 grammi di ciliegie (a seconda della varietà):

- Calorie: circa 50 kcal
- Proteine: circa 1 g
- Carboidrati: circa 12 g
- Fibre: circa 2 g
- rassi: circa 0.3 g
- Vitamina C: circa 7 mg (12% del valore giornaliero raccomandato)
- Vitamina A: circa 64 IU (1% del valore giornaliero raccomandato)
- Potassio: circa 173 mg (5% del valore giornaliero raccomandato)

Le ciliegie sono amate per il loro sapore dolce e succoso e sono spesso associate alla stagione estiva. Sono consumate fresche o utilizzate in molte ricette, dalla classica crostata alle salse per carne.

FRAGOLE

Le fragole, conosciute scientificamente come Fragaria × ananassa, sono frutti rossi e succosi ampiamente coltivati e apprezzati in tutto il mondo. La storia delle fragole ha radici antiche, con tracce di coltivazione risalenti all'antica Roma. Tuttavia, le fragole selvatiche erano conosciute e consumate da molte civiltà primitive. L'introduzione delle fragole in Europa avvenne attraverso lo scambio tra il Nuovo Mondo e il Vecchio Mondo durante l'era delle esplorazioni. Le fragole selvatiche delle Americhe furono incrociate con le varietà europee, dando origine alle fragole coltivate che conosciamo oggi. Nel XIX secolo, la coltivazione delle fragole si diffuse in tutto il mondo e divennero un alimento molto popolare. Le fragole sono diventate un simbolo di primavera e estate e sono amate per il loro sapore dolce e la loro versatilità in cucina.

Coltivazione delle Fragole

Le fragole crescono su piante erette note come fragole. Queste piante prosperano in climi temperati e ben marcati con inverni freddi e estati calde. Le fragole richiedono terreno ben drenato e una buona esposizione al sole. La raccolta delle fragole avviene quando i frutti sono maturi, generalmente in primavera e inizio estate. Le fragole sono notorie per il loro sapore dolce e il loro aroma fragrante. Sono spesso raccolte manualmente per evitare danni ai frutti delicati. Le fragole sono una fonte eccellente di vitamina C e contengono altri nutrienti benefici per la salute, come fibre, folati e antiossidanti.

Dati nutrizionali per 100 grammi di fragole:

- Calorie: circa 32 kcal
- Proteine: circa 0.7 g
- Carboidrati: circa 7.7 g
- Fibre: circa 2 g
- Grassi: circa 0.3 g
- Vitamina C: circa 58.8 mg (98% del valore giornaliero raccomandato)
- Vitamina A: circa 12 IU (0% del valore giornaliero raccomandato)
- Potassio: circa 153 mg (4% del valore giornaliero raccomandato)

Le fragole sono amate per il loro sapore dolce e sono consumate fresche, in macedonie di frutta, dolci, marmellate e molto altro. Sono spesso associate a dessert estivi e a momenti di festa.

LAMPONI

I lamponi, noti scientificamente come Rubus idaeus, sono piccoli frutti rossi che hanno una lunga storia di consumo umano. Originari delle regioni settentrionali dell'Asia e dell'Europa, i lamponi crescono naturalmente in molte parti del mondo e sono stati raccolti e utilizzati fin dai tempi antichi. L'uso dei lamponi risale agli antichi Romani e Greci, che li apprezzavano per il loro sapore dolce e il loro aroma fragrante. Con il tempo, i lamponi divennero un alimento popolare in Europa e furono coltivati in giardini e monasteri medievali. Durante il periodo di colonizzazione europea delle Americhe, i lamponi furono introdotti in Nord America, dove si diffusero rapidamente e furono adottati dalle comunità indigene e dai coloni. Oggi, i lamponi sono ampiamente coltivati e consumati in tutto il mondo, sia freschi che utilizzati in una varietà di preparazioni culinarie, come marmellate, torte e gelati.

Coltivazione dei Lamponi

I lamponi crescono su arbusti noti come rovi di lamponi. Questi arbusti richiedono un clima temperato e crescono meglio in terreni ben drenati e ricchi di sostanze nutritive. La semina dei lamponi coinvolge la propagazione tramite talee o piantine. La raccolta dei lamponi avviene quando i frutti sono maturi, di solito in estate o inizio autunno. I lamponi sono noti per il loro sapore dolce e leggermente acidulo, nonché per la loro consistenza delicata. I lamponi sono una fonte di vitamine, minerali e antiossidanti benefici per la salute, come vitamina C, vitamina K e fibre.

Dati nutrizionali per 100 grammi di lamponi:

- Calorie: circa 52 kcal
- Proteine: circa 1.5 g
- Carboidrati: circa 11.9 g
- Fibre: circa 6.5 g
- Grassi: circa 0.7 g
- Vitamina C: circa 26.2 mg (44% del valore giornaliero raccomandato)
- Vitamina K: circa 7.8 μg (10% del valore giornaliero raccomandato)
- Potassio: circa 151 mg (4% del valore giornaliero raccomandato)

I lamponi sono amati per il loro sapore distintivo e sono consumati freschi, in marmellate, torte, dessert e come guarnizione per molte preparazioni culinarie. Sono apprezzati per il loro equilibrio tra dolcezza e acidità.

MIRTILLI

I mirtilli, noti scientificamente come Vaccinium myrtillus, sono piccoli frutti blu o neri che crescono in molte regioni del mondo. La loro storia ha radici antiche, con tracce di consumo di mirtilli risalenti all'antica Roma. In Europa, i mirtilli sono stati tradizionalmente utilizzati in cucina e nella medicina popolare per le loro presunte proprietà benefiche. I nativi americani erano familiari con i mirtilli e li utilizzavano sia come alimento che come colorante naturale. Con l'arrivo dei coloni europei in Nord America, i mirtilli sono diventati un ingrediente importante nella cucina americana. Nel corso dei secoli, i mirtilli sono stati coltivati in tutto il mondo, da varietà selvatiche a varietà coltivate. Oggi, i mirtilli sono considerati un superfood a causa del loro alto contenuto di antiossidanti e nutrienti benefici per la salute.

Coltivazione dei Mirtilli

I mirtilli crescono su arbusti noti come cespugli di mirtilli. Questi arbusti richiedono un clima temperato e crescono meglio in terreni acidi e ben drenati. La coltivazione dei mirtilli può comportare la semina di piantine o l'innesto su portinnesti specifici. La raccolta dei mirtilli avviene quando i frutti sono maturi, di solito in estate. I mirtilli sono noti per il loro sapore dolce e leggermente acidulo, nonché per il loro colore caratteristico. I mirtilli sono una fonte eccellente di vitamina C e contengono altri nutrienti benefici per la salute, come vitamina K, vitamina A e fibre.

Dati nutrizionali per 100 grammi di mirtilli (a seconda della varietà):

- Calorie: circa 43 kcal
- Proteine: circa 0.7 g
- Carboidrati: circa 9.7 g
- Fibre: circa 2.4 g
- Grassi: circa 0.4 g
- Vitamina C: circa 9.7 mg (16% del valore giornaliero raccomandato)
- Vitamina K: circa 19.3 µg (24% del valore giornaliero raccomandato)
- Potassio: circa 77 mg (2% del valore giornaliero raccomandato)

I mirtilli sono amati per il loro sapore unico e sono consumati freschi, in cereali, yogurt, torte, muffin e molte altre preparazioni. Sono noti per i loro benefici per la salute, tra cui il supporto per la salute cerebrale e la protezione dai radicali liberi.

MORE

Le more, conosciute scientificamente come Rubus, sono piccoli frutti scuri che crescono su arbusti noti come rovi di more. La storia delle more risale a tempi antichi, con tracce di consumo risalenti agli antichi greci e romani. Questi frutti selvatici erano raccolti in natura e utilizzati sia per l'alimentazione che per scopi medicinali. Con il passare del tempo, le more sono diventate parte integrante delle tradizioni culinarie in Europa e sono state coltivate in giardini e fattorie. Furono utilizzate in una varietà di preparazioni, come torte, marmellate e liquori. Le more sono state successivamente introdotte in America durante il periodo di colonizzazione europea. Oggi, le more sono coltivate in tutto il mondo e sono ampiamente apprezzate per il loro sapore dolce e leggermente acidulo, nonché per il loro alto contenuto di antiossidanti.

Coltivazione delle More

Le more crescono su arbusti noti come rovi di more o more selvatiche. Questi arbusti prosperano in climi temperati e sono spesso trovati in habitat selvatici, ma possono essere coltivati anche in giardini e frutteti. La raccolta delle more avviene quando i frutti sono maturi, di solito in estate o inizio autunno, a seconda della varietà. Le more sono notorie per la loro fragilità e richiedono una manipolazione delicata per evitare schiacciamenti. Le more sono una buona fonte di vitamine, minerali e antiossidanti. Sono particolarmente ricche di vitamina C e vitamina K.

Dati nutrizionali per 100 grammi di more (a seconda della varietà):

- Calorie: circa 43 kcal
- Proteine: circa 1.4 g
- Carboidrati: circa 9.6 g
- Fibre: circa 5.4 g
- Grassi: circa 0.5 g
- Vitamina C: circa 21 mg (35% del valore giornaliero raccomandato)
- Vitamina K: circa 19.8 µg (25% del valore giornaliero raccomandato)
- Potassio: circa 194 mg (6% del valore giornaliero raccomandato)

Le more sono consumate fresche o utilizzate in una varietà di preparazioni culinarie, come dolci, marmellate, gelati e yogurt. Sono apprezzate per il loro sapore distintivo e il loro valore nutrizionale.

PESCHE

Le pesche, conosciute scientificamente come Prunus persica, sono frutti dolci e succosi con una storia di coltivazione che risale a migliaia di anni. Originarie della Cina, le pesche furono coltivate in questa regione fin dal 2000 a.C. Furono considerate un simbolo di longevità e immortalità e divennero parte integrante della cultura cinese. Con il tempo, le pesche furono introdotte in altre parti del mondo attraverso le rotte commerciali. Vennero menzionate nell'antica Grecia e Roma, dove divennero presto apprezzate per il loro sapore e la loro dolcezza. Nel Medioevo, le pesche furono coltivate in Europa e divennero un frutto popolare nelle cucine europee. Gli immigrati europei portarono pesche in Nord America, dove furono adottate dalle comunità locali. Oggi, le pesche sono ampiamente coltivate in molte regioni del mondo e sono apprezzate per il loro sapore dolce e la loro versatilità in cucina.

Coltivazione delle Pesche

Le pesche crescono su alberi noti come peschi. Questi alberi richiedono un clima temperato e ben marcati inverni freddi per fruttificare appieno. La semina dei peschi può comportare la semina di piantine o l'innesto su portinnesti specifici. La raccolta delle pesche avviene quando i frutti sono maturi, generalmente in estate. Le pesche sono notorie per la loro pelle vellutata e il loro sapore dolce e succoso. Possono essere di vari colori, tra cui giallo, bianco e rosso. Le pesche sono una fonte di vitamine e minerali benefici per la salute, tra cui vitamina C, vitamina A e potassio.

Dati nutrizionali per 100 grammi di pesche (a seconda della varietà):

- Calorie: circa 39 kcal
- Proteine: circa 0.9 g
- Carboidrati: circa 9.5 g
- Fibre: circa 1.6 g
- Grassi: circa 0.3 g
- Vitamina C: circa 9.9 mg (17% del valore giornaliero raccomandato)
- Vitamina A: circa 326 IU (7% del valore giornaliero raccomandato)
- Potassio: circa 190 mg (5% del valore giornaliero raccomandato)

Le pesche sono amate per il loro sapore dolce e sono consumate fresche, in macedonie di frutta, dessert, marmellate e succhi. Sono spesso associate a momenti estivi e a piatti rinfrescanti.

ALBICOCCHE

Le albicocche, conosciute scientificamente come Prunus armeniaca, sono frutti dolci e succosi originari dell'Asia centrale, in particolare della regione che oggi include l'Armenia. La coltivazione delle albicocche risale a migliaia di anni fa, con tracce di consumo umano che risalgono all'antica Cina. Le albicocche furono successivamente portate in Persia, dove acquisirono il nome scientifico "armeniaca" a causa delle vie commerciali che le collegavano all'Armenia. Da lì, le albicocche si diffusero in Europa attraverso l'Impero romano. Nel corso dei secoli, le albicocche furono coltivate in tutto il mondo e furono apprezzate per il loro sapore dolce e la loro versatilità in cucina. Furono utilizzate per preparare marmellate, conserve, dolci e anche in cucina salata. Oggi, le albicocche sono ampiamente coltivate in molte regioni e sono apprezzate per il loro sapore unico e il loro colore arancione brillante.

Coltivazione delle Albicocche
Le albicocche crescono su alberi noti come albicocco. Questi alberi prosperano in climi temperati e richiedono una buona esposizione al sole. La semina degli albicocchi può comportare la semina di piantine o l'innesto su portinnesti specifici. La raccolta delle albicocche avviene quando i frutti sono maturi, di solito in estate. Le albicocche sono notorie per la loro pelle vellutata e il loro sapore dolce e leggermente acidulo. Possono variare in colore da giallo pallido ad arancione brillante. Le albicocche sono una fonte di vitamine e minerali benefici per la salute, tra cui vitamina C, vitamina A e potassio.

Dati nutrizionali per 100 grammi di albicocche (a seconda della varietà):
- Calorie: circa 48 kcal
- Proteine: circa 1.4 g
- Carboidrati: circa 11.1 g
- Fibre: circa 2 g
- Grassi: circa 0.4 g
- Vitamina C: circa 10 mg (17% del valore giornaliero raccomandato)
- Vitamina A: circa 1926 IU (39% del valore giornaliero raccomandato)
- Potassio: circa 259 mg (7% del valore giornaliero raccomandato)

Le albicocche sono amate per il loro sapore dolce e sono consumate fresche, essicate, in marmellate, dolci e anche in piatti salati come salse e condimenti. Sono un frutto versatile e apprezzato in molte cucine del mondo.

ANANAS

L'ananas, noto scientificamente come Ananas comosus, è un frutto tropicale originario delle regioni dell'America del Sud e Centrale. Il suo nome deriva dalla parola tupi-guaraní "naná-naná," che significa "profumato fiore." Gli ananas erano coltivati da diverse civiltà indigene delle Americhe, tra cui i Maya e gli Aztechi, molto prima dell'arrivo degli europei. Gli ananas vennero scoperti dai primi esploratori europei nel XV secolo durante le loro spedizioni nelle Americhe. Questi frutti esotici divennero presto oggetti di grande interesse e furono portati in Europa, dove divennero una prelibatezza rara e costosa. Con il tempo, la coltivazione dell'ananas si diffuse nelle regioni tropicali di tutto il mondo. Oggi, l'ananas è ampiamente coltivato nelle regioni tropicali e subtropicali e rappresenta uno dei frutti più popolari al mondo, noto per il suo sapore dolce e rinfrescante.

Coltivazione dell'Ananas

L'ananas cresce su piante a foglia perenne conosciute come piante di ananas. Queste piante prosperano in climi tropicali e richiedono terreno ben drenato. La semina dell'ananas avviene generalmente tramite propaggini di corona o mediante l'uso di "pupazzi" (getti laterali della pianta madre). La raccolta dell'ananas avviene quando il frutto è maturo, di solito in estate o inverno, a seconda della regione di crescita. L'ananas è noto per la sua buccia spinosa e la sua polpa succosa e dolce. L'ananas è una buona fonte di vitamina C e manganese, e contiene bromelina, un enzima digestivo naturale.

Dati nutrizionali per 100 grammi di ananas (a seconda della varietà):

- Calorie: circa 50 kcal
- Proteine: circa 0.5 g
- Carboidrati: circa 13.1 g
- Fibre: circa 1.4 g
- Grassi: circa 0.1 g
- Vitamina C: circa 47.8 mg (80% del valore giornaliero raccomandato)
- Manganese: circa 0.9 mg (47% del valore giornaliero raccomandato)
- Potassio: circa 109 mg (3% del valore giornaliero raccomandato)

L'ananas è consumato fresco, in succhi, frullati, insalate di frutta, dessert e persino in piatti salati come salse e piatti al curry. Il suo sapore dolce e aromatico lo rende un frutto molto apprezzato in molte cucine internazionali.

MANGO

Il mango, noto scientificamente come Mangifera indica, è un frutto tropicale originario dell'Asia meridionale, in particolare dell'India e del Bangladesh. La storia del mango risale a oltre 4.000 anni fa, ed è uno dei frutti più antichi coltivati dall'umanità. I riferimenti storici ai mango sono stati trovati nei testi sacri e nelle antiche scritture dell'India. L'uso e la coltivazione del mango si diffusero gradualmente in tutto il sud-est asiatico e in altre regioni tropicali attraverso le rotte commerciali e gli scambi culturali. Furono portati in Africa e nelle Americhe dagli esploratori e dai commercianti europei durante il periodo delle esplorazioni. Oggi, il mango è ampiamente coltivato in tutto il mondo nelle regioni tropicali e subtropicali ed è uno dei frutti più popolari al mondo, noto per il suo sapore dolce e succoso e la sua polpa colorata.

Coltivazione del Mango

Il mango cresce su alberi conosciuti come alberi di mango. Questi alberi richiedono un clima caldo e umido e prosperano in terreni ben drenati. La semina del mango può essere fatta attraverso semi o innesto su portinnesti specifici per mantenere le caratteristiche della varietà. La raccolta dei mango avviene quando i frutti sono maturi, generalmente in estate o inizio autunno, a seconda della regione di crescita. I mango sono noti per la loro buccia spessa e la loro polpa succosa e dolce. I mango sono una fonte eccellente di vitamina C e vitamina A, oltre a contenere antiossidanti come i carotenoidi.

Dati nutrizionali per 100 grammi di mango (a seconda della varietà):

- Calorie: circa 60 kcal
- Proteine: circa 0.8 g
- Carboidrati: circa 14.9 g
- Fibre: circa 1.6 g
- Grassi: circa 0.4 g
- Vitamina C: circa 36.4 mg (61% del valore giornaliero raccomandato)
- Vitamina A: circa 54 IU (1% del valore giornaliero raccomandato)
- Potassio: circa 168 mg (5% del valore giornaliero raccomandato)

Il mango è consumato fresco, in succhi, frullati, insalate di frutta, dessert e anche in piatti salati come salse e condimenti. Il suo sapore dolce e aromatico lo rende un frutto molto versatile in cucina.

PAPAYA

La papaya, conosciuta scientificamente come Carica papaya, è un frutto tropicale originario delle regioni dell'America centrale e meridionale. La sua storia di consumo risale a oltre 5.000 anni fa, con tracce di coltivazione da parte degli antichi Maya e Aztechi. Questi popoli indigeni apprezzavano la papaya per il suo sapore dolce e per le proprietà medicinali. Dopo l'arrivo degli europei nelle Americhe, la papaya fu portata in Europa, dove divenne un frutto esotico molto apprezzato. Fu successivamente introdotta in molte altre regioni tropicali e subtropicali del mondo. Oggi, la papaya è coltivata in molte regioni tropicali e rappresenta uno dei frutti tropicali più popolari, noto per il suo sapore dolce e la sua consistenza morbida.

Coltivazione della Papaya

La papaya cresce su alberi noti come alberi di papaya. Questi alberi prosperano in climi tropicali e subtropicali e richiedono terreno ben drenato. La semina della papaya avviene generalmente tramite semi, e le piante crescono rapidamente e fruttificano in pochi mesi. La raccolta delle papaye avviene quando i frutti sono maturi, di solito in estate o inverno, a seconda della regione di crescita. Le papaye sono notorie per la loro forma allungata e la loro polpa arancione o rossa, a seconda della varietà. Le papaye sono una buona fonte di vitamina C, vitamina A, vitamina E e contengono anche enzimi digestivi benefici come la papaina.

Dati nutrizionali per 100 grammi di papaya (a seconda della varietà):

- Calorie: circa 43 kcal
- Proteine: circa 0.5 g
- Carboidrati: circa 11 g
- Fibre: circa 1.7 g
- Grassi: circa 0.4 g
- Vitamina C: circa 60.9 mg (102% del valore giornaliero raccomandato)
- Vitamina A: circa 950 IU (19% del valore giornaliero raccomandato)
- Vitamina E: circa 0.3 mg (2% del valore giornaliero raccomandato)

La papaya è consumata fresca, in succhi, frullati, insalate di frutta e dessert. La sua polpa dolce e la papaina rendono la papaya un frutto molto apprezzato in molte cucine del mondo, in particolare in quelle tropicali.

COCCO

Il cocco, noto scientificamente come Cocos nucifera, è uno dei frutti più iconici delle regioni tropicali ed è stato una parte essenziale della vita e della cultura di molte comunità costiere per migliaia di anni. La storia del cocco è legata alle antiche popolazioni costiere dell'Asia sud-orientale e dell'Oceania, dove il cocco era noto come "albero della vita" per la sua versatilità e la sua importanza nella sopravvivenza umana. Le nozioni di origine esatta del cocco sono state oggetto di dibattito, ma si ritiene che abbia avuto origine in una vasta area che include l'Indonesia, le Filippine e le isole del Pacifico. Il cocco è stato successivamente diffuso in molte altre parti del mondo attraverso rotte commerciali e viaggi marittimi. Oggi, il cocco è coltivato in tutto il mondo nelle regioni tropicali e subtropicali ed è ampiamente utilizzato in cucina, cosmetica e medicina tradizionale.

Coltivazione del Cocco

Il cocco cresce su alberi di cocco alti e slanciati noti come palme da cocco. Queste palme prosperano in climi tropicali caldi e umidi e richiedono terreno ben drenato. La semina delle palme da cocco può essere fatta tramite semi o mediante il trapianto di germogli. La raccolta dei cocchi avviene quando i frutti sono maturi, generalmente durante tutto l'anno nelle regioni tropicali. Il cocco è noto per il suo guscio esterno duro e la sua polpa bianca, chiamata "copra," contenente latte di cocco. Il cocco è una fonte di grassi saturi, fibre e minerali come il potassio. È noto anche per il suo olio di cocco, ampiamente utilizzato in cucina e nella cosmesi.

Dati nutrizionali per 100 grammi di polpa di cocco (a seconda della varietà):

- Calorie: circa 354 kcal
- Proteine: circa 3.3 g
- Carboidrati: circa 15.2 g
- Fibre: circa 9 g
- Grassi: circa 33.5 g
- Potassio: circa 356 mg (10% del valore giornaliero raccomandato)

Il cocco è utilizzato in una vasta gamma di piatti e preparazioni culinarie, tra cui piatti salati e dolci, dessert, bevande come il latte di cocco e l'acqua di cocco, nonché prodotti cosmetici come oli e creme.

FICO

Il fico, noto scientificamente come Ficus carica, è un antico frutto con una storia di coltivazione che risale a migliaia di anni. Originario delle regioni mediterranee e dell'Asia occidentale, il fico era noto ai tempi dell'antico Egitto e dell'antica Grecia. Era apprezzato per il suo sapore dolce e per le sue proprietà nutrizionali. Il fico fu diffuso in molte parti del mondo attraverso le rotte commerciali e gli scambi culturali. I Romani lo apprezzavano sia come alimento che per il suo valore simbolico e lo consideravano un simbolo di fertilità. Nel corso dei secoli, il fico è stato coltivato in molte regioni del mondo con climi mediterranei o simili. Oggi è un frutto popolare in numerose cucine e viene spesso consumato fresco, essiccato, o utilizzato in preparazioni culinarie dolci e salate.

Coltivazione del Fico
Il fico cresce su alberi noti come fichi. Questi alberi prosperano in climi caldi e secchi e richiedono terreno ben drenato. La semina dei fichi può essere fatta attraverso talee o innesto su portinnesti specifici. La raccolta dei fichi avviene quando i frutti sono maturi, generalmente in estate o inizio autunno. I fichi sono noti per la loro pelle sottile e la loro polpa dolce e succosa. Possono essere di vari colori, tra cui il viola, il verde e il marrone. I fichi sono una buona fonte di fibre, vitamina K, potassio e altri nutrienti benefici.

Dati nutrizionali per 100 grammi di fichi (a seconda della varietà):
- Calorie: circa 74 kcal
- Proteine: circa 0.8 g
- Carboidrati: circa 19.2 g
- Fibre: circa 2.9 g
- Grassi: circa 0.4 g
- Vitamina K: circa 3.3 µg (4% del valore giornaliero raccomandato)
- Potassio: circa 232 mg (6% del valore giornaliero raccomandato)

I fichi sono consumati freschi, essiccati, o utilizzati in una varietà di preparazioni culinarie, tra cui insalate, formaggi, dolci, e marmellate. La loro dolcezza naturale li rende un ingrediente versatile in cucina.

KIWI

Il kiwi, noto scientificamente come Actinidia deliciosa, è un frutto originario della Cina, dove era conosciuto come "Yang Tao" o "Melone dell'Ananas". La storia del kiwi risale a centinaia di anni fa, ma è diventato ampiamente conosciuto solo a partire dal XX secolo. Il nome "kiwi" è stato adottato in onore dell'uccello kiwi della Nuova Zelanda, poiché il frutto assomiglia vagamente all'uccello. Il kiwi è stato introdotto in Nuova Zelanda alla fine del XIX secolo e iniziò a essere coltivato commercialmente nel XX secolo. La Nuova Zelanda è diventata una delle principali regioni produttrici di kiwi al mondo. Il frutto guadagnò popolarità internazionale negli anni '60 e '70, quando fu esportato in tutto il mondo. Oggi, il kiwi è ampiamente coltivato in diverse regioni, tra cui la Nuova Zelanda, l'Italia, la Cina e molti altri paesi.

Coltivazione del Kiwi

Il kiwi cresce su piante rampicanti di kiwi, che possono raggiungere altezze notevoli. Queste piante prosperano in climi temperati e richiedono un periodo di riposo invernale. La semina del kiwi può essere fatta attraverso semi o innesto su portinnesti specifici per mantenere le caratteristiche della varietà. La raccolta dei kiwi avviene quando i frutti sono maturi, di solito in autunno. Il kiwi è noto per la sua buccia marrone e pelosa, mentre la polpa è di solito di colore verde e punteggiata di piccoli semi neri commestibili. Il kiwi è una buona fonte di vitamina C, vitamina K, vitamina E e potassio. È noto anche per il suo contenuto di antiossidanti.

Dati nutrizionali per 100 grammi di kiwi (a seconda della varietà):

- Calorie: circa 61 kcal
- Proteine: circa 1.1 g
- Carboidrati: circa 14.7 g
- Fibre: circa 3 g
- Grassi: circa 0.5 g
- Vitamina C: circa 92.7 mg (155% del valore giornaliero raccomandato)
- Vitamina K: circa 40.3 µg (50% del valore giornaliero raccomandato)
- Vitamina E: circa 1.5 mg (8% del valore giornaliero raccomandato)
- Potassio: circa 312 mg (9% del valore giornaliero raccomandato)

Il kiwi è spesso consumato fresco, pelato e tagliato a fette o aggiunto a insalate di frutta. È noto per il suo sapore dolce e leggermente acidulo e la sua polpa tenera.

UVA SPINA

L'uva spina, conosciuta scientificamente come Ribes uva-crispa, è un frutto originario dell'Europa e dell'Asia occidentale ed è stato coltivato per secoli. La sua storia risale a tempi antichi, con evidenze di coltivazione in Giardino di Boboli a Firenze nel XVI secolo. L'uva spina era apprezzata per il suo sapore dolce e leggermente acidulo, così come per le sue proprietà nutritive. Era spesso utilizzata per preparare marmellate, gelatine e dolci, nonché per il consumo fresco. Con il tempo, l'uva spina è stata introdotta in molte altre regioni del mondo, tra cui Nord America e Nuova Zelanda. Oggi, è coltivata in diverse varietà in molte regioni temperate. L'uva spina è nota anche con altri nomi come "ribes," "grossularia," o "agresto."

Coltivazione dell'Uva Spina

L'uva spina cresce su arbusti noti come ribes. Questi arbusti prosperano in climi temperati e richiedono terreno ben drenato. La semina dell'uva spina può essere fatta tramite talee o piantine. La raccolta delle uve spine avviene quando i frutti sono maturi, di solito in estate. Le uve spine sono piccole e di forma sferica, con una buccia liscia o rugosa a seconda della varietà. Possono essere di vari colori, tra cui verde, rosso e giallo. Le uve spine sono una buona fonte di vitamina C, vitamina K, vitamina A e potassio. Sono anche ricche di antiossidanti.

Dati nutrizionali per 100 grammi di uva spina (a seconda della varietà):

- Calorie: circa 44 kcal
- Proteine: circa 1 g
- Carboidrati: circa 9.2 g
- Fibre: circa 3.6 g
- Grassi: circa 0.4 g
- Vitamina C: circa 33 mg (55% del valore giornaliero raccomandato)
- Vitamina K: circa 14.8 µg (19% del valore giornaliero raccomandato)
- Vitamina A: circa 282 IU (6% del valore giornaliero raccomandato)
- Potassio: circa 259 mg (7% del valore giornaliero raccomandato)

Le uve spine sono consumate fresche, utilizzate nella preparazione di marmellate, gelatine, torte e dolci, oltre a essere utilizzate in piatti salati come salse e condimenti. La loro dolcezza naturale le rende versatili in cucina.

RIBES

Il ribes è un genere di piante che produce piccoli frutti noti con il nome comune di ribes. Questi frutti, originari delle regioni settentrionali dell'Europa e dell'Asia, sono stati coltivati e utilizzati nell'alimentazione umana per secoli. La storia del ribes risale all'antichità, e i ribes erano noti per le loro proprietà nutritive e medicinali. Nel XVI secolo, i ribes erano coltivati nei giardini reali europei, tra cui il Giardino di Boboli a Firenze, dimostrando la loro popolarità tra le classi nobili. Nel corso dei secoli, i ribes furono introdotti in altre parti del mondo, tra cui il Nord America. I ribes sono noti per la loro varietà di colori, tra cui il rosso, il bianco e il nero, ciascuno con sapore e usi leggermente diversi.

Coltivazione del Ribes

I ribes crescono su arbusti noti come piante di ribes. Questi arbusti prosperano in climi temperati e richiedono terreno ben drenato. La semina dei ribes può essere fatta tramite talee o piantine. La raccolta dei ribes avviene quando i frutti sono maturi, di solito in estate. I ribes sono piccoli, sferici e crescono in grappoli. Le diverse varietà di ribes possono essere rosse, bianche o nere. I ribes sono una buona fonte di vitamina C, vitamina K, potassio e antiossidanti come i flavonoidi.

Dati nutrizionali per 100 grammi di ribes (a seconda della varietà):

- Calorie: circa 44 kcal
- Proteine: circa 1 g
- Carboidrati: circa 10 g
- Fibre: circa 3.3 g
- Grassi: circa 0.4 g
- Vitamina C: circa 41 mg (68% del valore giornaliero raccomandato)
- Vitamina K: circa 18 µg (23% del valore giornaliero raccomandato)
- Potassio: circa 275 mg (8% del valore giornaliero raccomandato)

I ribes sono utilizzati freschi, nella preparazione di marmellate, gelatine, torte e dolci, e in bevande come succhi e sciroppi. La loro varietà di sapori li rende adatti a molte preparazioni culinarie.

FRUTTO DELLA PASSIONE

Il frutto della passione, noto scientificamente come Passiflora edulis, è originario delle regioni tropicali dell'America del Sud, tra cui Brasile, Paraguay e Argentina. Il nome "passion fruit" (frutto della passione) è stato dato dai missionari spagnoli nel XVI secolo, che associavano il fiore della pianta a elementi della Passione di Cristo. I frutti della passione erano parte della dieta tradizionale delle popolazioni indigene dell'America del Sud e furono successivamente introdotti in altre regioni tropicali, comprese alcune isole dell'Oceano Pacifico e l'Australia. Nel corso dei secoli, il frutto della passione è diventato un frutto esotico popolare in tutto il mondo, noto per il suo sapore unico e la sua forma caratteristica.

Coltivazione del Frutto della Passione

Il frutto della passione cresce su piante rampicanti di Passiflora. Queste piante prosperano in climi tropicali e richiedono terreno ben drenato. La semina del frutto della passione può essere fatta attraverso semi o talee. La raccolta avviene quando i frutti sono maturi, generalmente in estate o autunno. Il frutto della passione è noto per la sua buccia spessa e rugosa e la sua polpa interna contenente semi neri commestibili circondati da un succo aromatico. Il frutto della passione è una buona fonte di vitamina C, vitamina A, fibre e antiossidanti come i polifenoli.

Dati nutrizionali per 100 grammi di frutto della passione:

- Calorie: circa 97 kcal
- Proteine: circa 1.5 g
- Carboidrati: circa 23.4 g
- Fibre: circa 10.4 g
- Grassi: circa 0.7 g
- Vitamina C: circa 30 mg (50% del valore giornaliero raccomandato)
- Vitamina A: circa 1274 IU (25% del valore giornaliero raccomandato)

Il frutto della passione è consumato fresco, il succo è utilizzato nella preparazione di bevande, gelati, torte e marmellate. Il suo sapore unico, una combinazione di dolcezza e acidità, lo rende un ingrediente apprezzato in molte preparazioni culinarie.

CACHI

Il cachi, noto scientificamente come Diospyros kaki, è un frutto originario della Cina, dove è coltivato da oltre 2000 anni. La sua storia di consumo risale all'antica Cina, dove era conosciuto come "xiangshi" o "frutto divino". Il cachi era apprezzato per il suo sapore dolce e la sua texture succosa. Nel corso dei secoli, il cachi si è diffuso in altre parti dell'Asia, tra cui il Giappone e la Corea, dove è stato coltivato e apprezzato. Con l'arrivo dei commerci con l'Occidente, il cachi è stato introdotto in altre regioni del mondo. Il cachi è noto per la sua polpa tenera e il suo sapore dolce, ma può variare nella sua consistenza da varieta a varieta. Ci sono diverse varietà di cachi, tra cui il cachi di Hachiya e il cachi di Fuyu.

Coltivazione del Cachi

Il cachi cresce su alberi di cachi, noti per la loro altezza e fogliame verde scuro. Questi alberi prosperano in climi temperati e richiedono terreno ben drenato. La semina dei cachi può essere fatta attraverso semi o innesto su portinnesti specifici. La raccolta dei cachi avviene quando i frutti sono maturi, generalmente in autunno. I cachi sono noti per la loro forma tondeggiante e la loro buccia sottile che può variare dal giallo al rosso, a seconda della varietà. I cachi sono una buona fonte di vitamina A, vitamina C, vitamina K e contengono anche minerali come il potassio e il manganese.

Dati nutrizionali per 100 grammi di cachi (a seconda della varietà):

- Calorie: circa 81 kcal
- Proteine: circa 0.6 g
- Carboidrati: circa 19.2 g
- Fibre: circa 3.6 g
- Grassi: circa 0.3 g
- Vitamina A: circa 81 IU (2% del valore giornaliero raccomandato)
- Vitamina C: circa 14.7 mg (25% del valore giornaliero raccomandato)
- Vitamina K: circa 2.6 µg (3% del valore giornaliero raccomandato)
- Potassio: circa 292 mg (8% del valore giornaliero raccomandato)

I cachi sono consumati freschi, pelati e tagliati a fette o utilizzati in preparazioni culinarie dolci e salate. Il loro sapore dolce e la loro texture li rendono versatili in cucina.

GUAVA

La guava, nota scientificamente come Psidium guajava, è originaria dell'America tropicale e fu scoperta dai primi esploratori europei al tempo del loro arrivo nel Nuovo Mondo. Questo frutto è stato un pilastro delle diete locali per secoli prima di essere introdotto in altre parti del mondo. La guava era conosciuta dalle antiche civiltà maya e azteche e aveva un ruolo significativo nelle loro culture. Gli spagnoli portarono la guava in Europa nel XVI secolo, dove divenne presto popolare e fu coltivata in varie parti del continente. Successivamente, la guava fu introdotta in Asia, Africa e altre regioni tropicali. Oggi, la guava è coltivata in molte parti del mondo con climi tropicali o subtropicali ed è apprezzata per il suo sapore unico, la sua dolcezza e il suo profumo.

Coltivazione della Guava
La guava cresce su alberi di guava, noti per le loro foglie verdi scure e i frutti sferici o a forma di pera. Questi alberi prosperano in climi tropicali e subtropicali e richiedono terreno ben drenato. La semina delle guava può essere fatta attraverso semi o innesto su portinnesti specifici. La raccolta delle guava avviene quando i frutti sono maturi, generalmente in estate o inizio autunno. La guava è conosciuta per la sua buccia verde o gialla e la sua polpa rosa, rossa o bianca, a seconda della varietà. La guava è una ricca fonte di vitamina C, vitamina A, fibre e antiossidanti come il licopene. È anche noto per il suo profumo fragrante.

Dati nutrizionali per 100 grammi di guava (a seconda della varietà):
- Calorie: circa 68 kcal
- Proteine: circa 2.6 g
- Carboidrati: circa 14.3 g
- Fibre: circa 5.4 g
- Grassi: circa 0.9 g
- Vitamina C: circa 228 mg (380% del valore giornaliero raccomandato)
- Vitamina A: circa 624 IU (12% del valore giornaliero raccomandato)

La guava è consumata fresca, tagliata a fette o utilizzata per preparare succhi, marmellate, dessert e piatti a base di frutta. La sua dolcezza e il suo profumo la rendono un frutto delizioso e versatile.

CACAO

Il cacao, noto scientificamente come Theobroma cacao, è originario delle regioni tropicali dell'America Centrale e dell'America Meridionale. Questo albero da frutto ha una lunga storia di coltivazione e uso da parte delle antiche civiltà maya e azteche. Le popolazioni indigene utilizzavano i semi di cacao per preparare bevande cerimoniali e come moneta di scambio. Con l'arrivo degli europei nel Nuovo Mondo, il cacao fu portato in Europa, dove divenne presto un lusso per le classi nobili. Le bevande al cacao divennero popolari nelle corti reali, spesso mescolate con spezie e zucchero. Nel corso dei secoli, il cacao è stato coltivato in diverse regioni tropicali del mondo, tra cui Africa, Asia e altre parti dell'America Latina. Oggi, il cacao è fondamentale per l'industria del cioccolato, ma è anche utilizzato per produrre il burro di cacao, il cacao in polvere e molti altri prodotti.

Coltivazione del Cacao:

Il cacao cresce su alberi di cacao, che prosperano nelle regioni tropicali con clima caldo e umido. La semina del cacao può essere fatta attraverso semi, che crescono in baccelli all'interno dei frutti. La raccolta del cacao avviene quando i baccelli sono maturi. I semi di cacao sono contenuti all'interno dei baccelli e vengono estratti, fermentati e essiccati prima di essere trasformati in cacao in polvere o burro di cacao. I semi di cacao sono ricchi di flavonoidi e teobromina, e contengono anche grassi come il burro di cacao.

Dati nutrizionali per 100 grammi di cacao in polvere:

- Calorie: circa 228 kcal
- Proteine: circa 19.6 g
- Carboidrati: circa 57.9 g
- Fibre: circa 33.2 g
- Grassi: circa 13.7 g
- Teobromina: circa 2057 mg (un stimolante naturale presente nel cacao)

Il cacao è utilizzato principalmente per la produzione di cioccolato, ma trova anche impiego in bevande calde al cacao, dolci, dessert, e persino in preparazioni salate in alcune cucine.

NOCCIOLA

La nocciola, conosciuta scientificamente come Corylus avellana, è originaria dell'Europa e dell'Asia occidentale. La sua storia risale a migliaia di anni fa, con evidenze di consumo sin dall'era preistorica. I greci e i romani apprezzavano le noccioline e le utilizzavano nella loro dieta. Nel corso dei secoli, le noccioline furono coltivate in monasteri medievali in Europa e divennero un alimento fondamentale per molte comunità. Nel XVII secolo, la coltivazione delle noccioline iniziò a diffondersi in varie parti del mondo. Le noccioline sono state utilizzate non solo come alimento, ma anche per la produzione di olio e pasta di nocciola. Nel XIX secolo, con l'avvento della produzione di cioccolato, le noccioline divennero un ingrediente chiave per molte varietà di cioccolato. Oggi, la nocciola è una coltura importante in molte regioni del mondo, con l'Italia che è uno dei principali produttori di nocciole.

Coltivazione della Nocciola

La nocciola cresce su alberi di nocciola, noti per la loro foglia verde e i frutti a guscio duro. Questi alberi prosperano in climi temperati e richiedono terreno ben drenato. La semina delle noccioline può essere fatta attraverso semi o talee. La raccolta delle noccioline avviene quando i gusci sono maturi e pronti per la raccolta. I gusci esterni sono rimossi per rivelare il nocciolo interno, che è commestibile e ricco di grassi sani, proteine e fibre. I noccioli possono essere consumati freschi, tostati o utilizzati per preparare prodotti come pasta di nocciola, olio di nocciola e cioccolato alla nocciola.

Dati nutrizionali per 100 grammi di nocciola:

- Calorie: circa 628 kcal
- Proteine: circa 14 g
- Carboidrati: circa 16.7 g
- Fibre: circa 9.7 g
- Grassi: circa 60.8 g
- Vitamina E: circa 15 mg (74% del valore giornaliero raccomandato)
- Calcio: circa 114 mg (11% del valore giornaliero raccomandato)
- Magnesio: circa 163 mg (41% del valore giornaliero raccomandato)

Le noccioline sono spesso consumate da sole come snack, ma sono anche utilizzate in molte preparazioni culinarie, tra cui dolci, biscotti, paste e salse. Il loro sapore ricco e il loro profumo le rendono un ingrediente amato in cucina.

NOCI

Le noci, conosciute scientificamente come Juglans regia, sono originarie dell'Asia occidentale e dell'Europa orientale e hanno una lunga storia di coltivazione e consumo. L'uso delle noci risale a migliaia di anni fa, con evidenze di consumo nell'antica Persia, nell'antica Grecia e nell'antica Roma. Nel corso dei secoli, le noci si sono diffuse in molte parti del mondo grazie alle rotte commerciali e alle migrazioni umane. Le noci erano apprezzate non solo per il loro sapore e la loro texture croccante, ma anche per il loro valore nutrizionale. Le noci divennero un ingrediente comune in molte cucine e venivano spesso utilizzate per preparare piatti dolci e salati. Nel tempo, le noci furono coltivate in molte regioni, inclusi paesi come gli Stati Uniti, dove le noci sono ancora oggi una coltura importante.

Coltivazione delle Noci

Le noci crescono su alberi di noce, noti per le loro foglie verdi e i frutti a guscio duro. Questi alberi prosperano in climi temperati e richiedono terreno ben drenato. La semina delle noci può essere fatta attraverso semi o innesto su portinnesti specifici. La raccolta delle noci avviene quando i gusci sono maturi e pronti per la raccolta. I gusci esterni sono rimossi per rivelare il seme interno, noto come "nocciola." Le noci sono ricche di grassi sani, proteine e fibre.

Dati nutrizionali per 100 grammi di noci:

- Calorie: circa 654 kcal
- Proteine: circa 15 g
- Carboidrati: circa 13.7 g
- Fibre: circa 6.7 g
- Grassi: circa 65.2 g
- Vitamina E: circa 0.7 mg (3% del valore giornaliero raccomandato)
- Calcio: circa 98 mg (10% del valore giornaliero raccomandato)
- Magnesio: circa 201 mg (51% del valore giornaliero raccomandato)

Le noci sono spesso consumate da sole come snack, ma sono anche utilizzate in molte preparazioni culinarie, tra cui dolci, biscotti, paste, insalate e salse. La loro versatilità li rende un ingrediente apprezzato in cucina.

MANDORLE

Le mandorle, conosciute scientificamente come Prunus dulcis, sono uno dei frutti a guscio più antichi conosciuti dall'umanità e hanno una storia di consumo che risale a migliaia di anni. Le mandorle sono originarie dell'Asia centrale e orientale e sono state coltivate fin dall'antichità in regioni come la Persia (l'attuale Iran). L'uso delle mandorle risale all'antica civiltà egizia, dove venivano coltivate e consumate. Le mandorle erano considerate un alimento di valore e venivano spesso utilizzate in preparazioni culinarie e per fare olio d'oliva e lozioni per la pelle. Con il tempo, le mandorle si sono diffuse in molte parti del mondo grazie alle rotte commerciali e alle migrazioni umane. Sono diventate un elemento essenziale nella cucina mediterranea, asiatica e occidentale. Oggi, le mandorle sono uno degli snack più popolari e sono utilizzate in molte preparazioni culinarie, dalla pasticceria alle insalate e agli alimenti salutari.

Coltivazione delle Mandorle
Le mandorle crescono su alberi di mandorlo, noti per le loro foglie verdi e i frutti a guscio duro. Questi alberi prosperano in climi caldi e secchi e richiedono terreno ben drenato. La semina delle mandorle può essere fatta attraverso semi o talee. La raccolta delle mandorle avviene quando i gusci sono maturi e pronti per la raccolta. I gusci esterni sono rimossi per rivelare il seme interno, noto come "mandorla." Le mandorle sono ricche di grassi sani, proteine e fibre.

Dati nutrizionali per 100 grammi di mandorle:
- Calorie: circa 576 kcal
- Proteine: circa 21.2 g
- Carboidrati: circa 21.7 g
- Fibre: circa 12.2 g
- Grassi: circa 49.9 g
- Vitamina E: circa 25.6 mg (128% del valore giornaliero raccomandato)
- Calcio: circa 264 mg (26% del valore giornaliero raccomandato)
- Magnesio: circa 268 mg (67% del valore giornaliero raccomandato)

Le mandorle sono utilizzate in numerose preparazioni culinarie, dalla produzione di latte di mandorle e burro di mandorle ai dolci, alle insalate e come snack. La loro versatilità li rende un alimento amato in tutto il mondo.

AVOCADO

L'avocado, noto scientificamente come Persea americana, è originario delle regioni tropicali e subtropicali dell'America Centrale e dell'America Meridionale. La storia dell'avocado risale a oltre 10.000 anni fa, con prove di coltivazione da parte delle antiche civiltà mesoamericane, tra cui gli Aztechi e i Maya. Gli Aztechi chiamavano l'avocado "ahuacatl," che significa "testicolo" in nahuatl, a causa della sua forma. Gli spagnoli introdussero l'avocado in Europa nel XVI secolo e, nel corso dei secoli, l'avocado si diffuse in altre parti del mondo tropicali e subtropicali. Nel XIX secolo, l'avocado iniziò a essere coltivato negli Stati Uniti, soprattutto in California e Florida, diventando oggi uno dei principali produttori mondiali. L'avocado è noto per il suo alto contenuto di grassi salutari e le sue proprietà nutrienti, ed è ampiamente utilizzato in cucina, specialmente nella preparazione di guacamole e insalate.

Coltivazione dell'Avocado

L'avocado cresce su alberi di avocado, noti per le loro foglie verdi scure e i frutti a forma di pera. Questi alberi prosperano in climi tropicali e subtropicali e richiedono terreno ben drenato. La semina dell'avocado può essere fatta attraverso semi o innesto su portinnesti specifici. La raccolta dell'avocado avviene quando i frutti sono maturi, generalmente in inverno o primavera. L'avocado è noto per la sua buccia spessa e rugosa e la sua polpa verde e cremosa. L'avocado è una buona fonte di grassi monoinsaturi, fibre, vitamina K, vitamina E e potassio. È spesso considerato un superfood per i suoi benefici per la salute.

Dati nutrizionali per 100 grammi di avocado:

- Calorie: circa 160 kcal
- Proteine: circa 2 g
- Carboidrati: circa 8.5 g
- Fibre: circa 6.7 g
- Grassi: circa 14.7 g
- Vitamina K: circa 21 µg (26% del valore giornaliero raccomandato)
- Vitamina E: circa 2.1 mg (11% del valore giornaliero raccomandato)
- Potassio: circa 485 mg (14% del valore giornaliero raccomandato)

L'avocado è utilizzato in numerose preparazioni culinarie, tra cui guacamole, insalate, toast all'avocado e come ingrediente in molti piatti salutari. La sua cremosità lo rende versatile in cucina.

POMPELMO

Il pompelmo, noto scientificamente come Citrus × paradisi, è il risultato di un ibrido naturale tra l'arancio dolce e il pummelo. Si ritiene che sia originario delle regioni tropicali dell'Asia sudorientale, ma la sua storia è stata influenzata dalla scoperta e dalla diffusione attraverso le rotte commerciali marittime. L'origine esatta del pompelmo rimane un mistero, ma si sa che è stato menzionato nei testi cinesi antichi già nel 4° secolo. Nel corso dei secoli, il pompelmo è stato introdotto in altre regioni, tra cui il Medio Oriente, le Americhe e le isole dei Caraibi. È diventato particolarmente popolare negli Stati Uniti, dove è stato coltivato in Florida e in California. Il pompelmo è noto per il suo sapore agrodolce e la sua versatilità in cucina. Oggi, è uno degli agrumi più consumati al mondo ed è apprezzato per i suoi benefici per la salute.

Coltivazione del Pompelmo

Il pompelmo cresce su alberi di agrumi, noti per le loro foglie verdi e i frutti rotondi o ovati. Questi alberi prosperano in climi tropicali e subtropicali e richiedono terreno ben drenato e abbondante luce solare. La raccolta dei pompelmi avviene quando i frutti sono maturi, generalmente in inverno e primavera. I pompelmi sono noti per la loro buccia spessa che varia da gialla a rosa o rossa, a seconda della varietà. La polpa può essere di colore bianco, rosa o rosso. Il pompelmo è una buona fonte di vitamina C, vitamina A, fibre e antiossidanti come i flavonoidi. È noto per le sue proprietà benefiche per la salute cardiovascolare e per la gestione del peso.

Dati nutrizionali per 100 grammi di pompelmo (polpa):

- Calorie: circa 32 kcal
- Proteine: circa 0.6 g
- Carboidrati: circa 8.1 g
- Fibre: circa 1.1 g
- Grassi: circa 0.2 g
- Vitamina C: circa 31.2 mg (52% del valore giornaliero raccomandato)
- Vitamina A: circa 17 µg (2% del valore giornaliero raccomandato)

Il pompelmo viene spesso consumato fresco, ma può anche essere utilizzato in succhi, insalate, salse e dessert. Il suo sapore unico lo rende un ingrediente versatile in cucina.

CARAMBOLA

La carambola, conosciuta scientificamente come Averrhoa carambola, è originaria delle regioni tropicali dell'Asia sudorientale, in particolare dell'Indonesia, della Malesia e delle Filippine. Questo frutto esotico è noto anche come "frutto stella" a causa della sua forma a cinque punte quando tagliato a fette. La carambola è stata coltivata e consumata in queste regioni da secoli. Si ritiene che sia stata introdotta in India nel XVII secolo e successivamente in altre parti del mondo tropicale e subtropicale attraverso scambi commerciali. Nel XIX secolo, la carambola fu introdotta nelle Americhe, in particolare in Florida, dove il clima tropicale la rese ideale per la coltivazione. Oggi, la carambola è coltivata in molte regioni tropicali e subtropicali, ed è apprezzata per il suo sapore unico e la sua forma decorativa.

Coltivazione della Carambola
La carambola cresce su alberi di carambola, noti per le loro foglie lucide e i frutti a forma di stella. Questi alberi prosperano in climi tropicali e subtropicali e richiedono terreno ben drenato e abbondante luce solare. La semina della carambola può essere fatta attraverso semi o talee. La raccolta delle carambole avviene quando i frutti sono maturi e pronti per il consumo. La carambola è nota per il suo sapore dolce-agrodolce e la sua consistenza croccante. La buccia è commestibile, ma le piccole pietre all'interno del frutto dovrebbero essere rimosse prima di mangiarlo.

Dati nutrizionali per 100 grammi di carambola:
- Calorie: circa 31 kcal
- Proteine: circa 1 g
- Carboidrati: circa 8 g
- Fibre: circa 2.8 g
- Grassi: circa 0.3 g
- Vitamina C: circa 34.4 mg (57% del valore giornaliero raccomandato)
- Vitamina A: circa 58 IU (1% del valore giornaliero raccomandato)
- Potassio: circa 133 mg (4% del valore giornaliero raccomandato)

La carambola viene consumata fresca, tagliata a fette e aggiunta a insalate, dessert e bevande. La sua forma unica e il suo sapore la rendono un'aggiunta interessante alla cucina tropicale. Va però consumata con moderazione da chi soffre di insufficienza renale, poiché può contenere ossalati che possono essere dannosi per i reni.

FICHI D'INDIA

I fichi d'India, noti scientificamente come Opuntia ficus-indica, sono originari delle regioni tropicali e subtropicali dell'America centrale e del Sud America. Questi cactus succulenti sono noti per i loro frutti dalle spesse bucce spinose, chiamati "pale." Si ritiene che i fichi d'India fossero coltivati e consumati sin dall'antichità dalle antiche civiltà mesoamericane, come gli Aztechi e i Maya. Durante il periodo delle esplorazioni e delle colonizzazioni, i fichi d'India furono portati in Europa e in altre parti del mondo dalle navi dei navigatori europei. Oggi, sono coltivati in molte regioni tropicali e subtropicali, inclusi paesi come l'Italia, la Spagna e il Messico. I fichi d'India sono noti per il loro sapore dolce e la loro polpa succosa e sono ampiamente utilizzati nella cucina di molte culture. Sono anche apprezzati per le loro proprietà benefiche per la salute.

Coltivazione dei Fichi d'India

I fichi d'India crescono su cactus di fichi d'India, caratterizzati dalle loro foglie appuntite e dai cladodi piatti e spessi, noti come "pale." Questi cactus prosperano in climi caldi e secchi e sono noti per la loro resistenza alla siccità. La propagazione dei fichi d'India può essere fatta tramite talee o semi. La raccolta dei fichi d'India avviene quando i frutti sono maturi, generalmente in estate. Le bucce spinate sono rimosse per rivelare la polpa interna, che può variare da gialla a rossa, a seconda della varietà.

Dati nutrizionali per 100 grammi di fichi d'India (polpa):

- Calorie: circa 41 kcal
- Proteine: circa 0.9 g
- Carboidrati: circa 9 g
- Fibre: circa 1.6 g
- Grassi: circa 0.5 g
- Vitamina C: circa 9 mg (15% del valore giornaliero raccomandato)
- Calcio: circa 56 mg (6% del valore giornaliero raccomandato)
- Magnesio: circa 85 mg (21% del valore giornaliero raccomandato)

I fichi d'India sono consumati freschi, spesso sbucciati e tagliati a fette. Sono utilizzati per fare succhi, marmellate e gelatine, oltre ad essere un ingrediente in alcune pietanze tradizionali in molte culture, come il "nopal" in Messico. La loro polpa dolce e rinfrescante li rende un frutto apprezzato in tutto il mondo.

DRAGONFRUIT

Il dragonfruit, noto anche come pitaya, è originario delle regioni tropicali dell'America centrale e del Sud America, così come di alcune parti dell'Asia. Questo frutto esotico è stato coltivato e consumato da secoli in queste regioni. Il nome "dragonfruit" deriva dalla sua caratteristica pelle squamosa, che sembra coperta di "scaglie da drago." Durante il periodo delle esplorazioni, il dragonfruit è stato portato in altre parti del mondo, tra cui l'Asia sudorientale, dove è diventato una coltura popolare. Oggi, il dragonfruit è coltivato in molte regioni tropicali e subtropicali del mondo ed è noto per il suo sapore dolce e la sua polpa ricca di semi neri. È ampiamente apprezzato per la sua versatilità in cucina e i suoi benefici per la salute.

Coltivazione del Dragonfruit

Il dragonfruit cresce su una pianta di cactus chiamata Hylocereus, caratterizzata da lunghe ramificazioni rampicanti e fusti a forma di cactus. Questi cactus prosperano in climi caldi e secchi e richiedono terreno ben drenato e abbondante luce solare. La propagazione può essere fatta attraverso talee o semi. La raccolta dei dragonfruit avviene quando i frutti sono maturi, generalmente in estate. La buccia può essere rosa, gialla o rossa, a seconda della varietà, e la polpa è solitamente bianca o rossa, con piccoli semi neri. Il dragonfruit è noto per il suo aspetto attraente e il suo sapore dolce.

Dati nutrizionali per 100 grammi di dragonfruit (polpa bianca):
- Calorie: circa 60 kcal
- Proteine: circa 1.5 g
- Carboidrati: circa 9 g
- Fibre: circa 1.9 g
- Grassi: circa 0.4 g
- Vitamina C: circa 9 mg (15% del valore giornaliero raccomandato)
- Calcio: circa 8 mg (1% del valore giornaliero raccomandato)
- Ferro: circa 0.9 mg (5% del valore giornaliero raccomandato)

Il dragonfruit viene spesso consumato fresco, tagliato a metà e scavato con un cucchiaino. È anche utilizzato per fare succhi, frullati, insalate e dessert. La sua polpa delicata e il suo sapore dolce lo rendono un'aggiunta apprezzata alla cucina tropicale.

ANGURIA

L'anguria, conosciuta scientificamente come Citrullus lanatus, è originaria dell'Africa subsahariana e si ritiene che sia stata coltivata in questa regione per migliaia di anni. Le prove archeologiche suggeriscono che l'anguria era coltivata in Egitto già nel 2000 a.C. Gli antichi egizi utilizzavano l'anguria sia come alimento che come parte delle loro cerimonie religiose. Durante il periodo delle esplorazioni, l'anguria fu portata in altre parti del mondo, inclusa l'Europa, attraverso le rotte commerciali. Tuttavia, a causa del suo elevato contenuto d'acqua, l'anguria era difficile da conservare durante i lunghi viaggi in mare. Oggi, l'anguria è coltivata in molte regioni del mondo, soprattutto nelle zone calde e secche. È ampiamente apprezzata per il suo sapore dolce e rinfrescante, soprattutto durante i mesi estivi.

Coltivazione dell'Anguria

L'anguria cresce su piante di anguria che producono frutti a forma di palla o ovati. Queste piante richiedono un clima caldo e molto sole per prosperare. La semina dell'anguria può essere fatta attraverso semi o talee. La raccolta delle angurie avviene quando i frutti sono maturi, generalmente in estate. L'anguria è nota per la sua buccia spessa e verde scuro, ma la polpa interna è succosa e varia da rossa a rosa a gialla, a seconda della varietà.

Dati nutrizionali per 100 grammi di anguria (polpa):

- Calorie: circa 30 kcal
- Proteine: circa 0.6 g
- Carboidrati: circa 7.6 g
- Fibre: circa 0.4 g
- Grassi: circa 0.2 g
- Vitamina C: circa 8.1 mg (14% del valore giornaliero raccomandato)
- Vitamina A: circa 569 IU (11% del valore giornaliero raccomandato)
- Potassio: circa 112 mg (3% del valore giornaliero raccomandato)

L'anguria è spesso consumata fresca, tagliata a fette o a cubetti, ed è una scelta popolare durante le giornate calde per rinfrescarsi. È anche utilizzata per fare succhi, frullati e cocktail. La sua alta percentuale d'acqua la rende ideale per idratarsi.

POMELO

Il pomelo, noto scientificamente come Citrus maxima o Citrus grandis, è originario del Sud-est asiatico, dove è stato coltivato per migliaia di anni. Si crede che sia il progenitore di molti altri agrumi, tra cui il pompelmo e l'arancia. Il pomelo è stato menzionato nelle antiche scritture cinesi già nel IV secolo a.C. e ha una lunga storia di coltivazione in Cina, Indonesia, Malesia e altre regioni tropicali dell'Asia. Durante il periodo delle esplorazioni, i commercianti europei hanno introdotto il pomelo in Europa, ma non divenne molto diffuso fino al XIX secolo. Oggi, il pomelo è coltivato in molte parti del mondo con climi tropicali e subtropicali, ed è noto per il suo sapore fresco e il suo aroma unico.

Coltivazione del Pomelo
Il pomelo cresce su alberi di pomelo, noti per le loro foglie lucide e i frutti grandi e rotondi. Questi alberi prosperano in climi caldi e richiedono terreno ben drenato e abbondante luce solare. La propagazione del pomelo può essere fatta tramite talee o innesto su portinnesti specifici. La raccolta del pomelo avviene quando i frutti sono maturi, generalmente in inverno o primavera. La buccia può variare da gialla a rosa a verde, a seconda della varietà, mentre la polpa è spesso rosa o rossa, ma può anche essere bianca.

Dati nutrizionali per 100 grammi di pomelo (polpa rosa):
- Calorie: circa 32 kcal
- Proteine: circa 0.6 g
- Carboidrati: circa 8 g
- Fibre: circa 1.1 g
- Grassi: circa 0.1 g
- Vitamina C: circa 31.2 mg (52% del valore giornaliero raccomandato)
- Vitamina A: circa 38 IU (1% del valore giornaliero raccomandato)
- Potassio: circa 216 mg (6% del valore giornaliero raccomandato)

Il pomelo viene solitamente consumato fresco, tagliato a fette o a spicchi. È noto per il suo sapore agrodolce e la sua freschezza, ed è spesso aggiunto a insalate, frullati e dessert. La sua polpa è succosa e rinfrescante, rendendolo un frutto popolare durante le giornate calde.

GIUGGIOLE

Le giuggiole, conosciute scientificamente come Ziziphus jujuba, sono originarie delle regioni subtropicali e tropicali dell'Asia, tra cui la Cina e l'India. Questi piccoli frutti sono stati coltivati e consumati in queste regioni per migliaia di anni. Le prime tracce di coltivazione delle giuggiole risalgono a oltre 7.000 anni fa in Cina, dove venivano considerate una pianta sacra e utilizzate sia come alimento che per scopi medicinali. Le giuggiole si sono poi diffuse in altre parti dell'Asia, in Medio Oriente e in Europa attraverso le rotte commerciali e i commerci. Oggi, le giuggiole sono coltivate in molte regioni del mondo con climi temperati e subtropicali ed è noto per il loro sapore dolce e le loro proprietà benefiche per la salute.

Coltivazione delle Giuggiole

Le giuggiole crescono su alberi di giuggiolo, noti per le loro foglie verde scuro e piccoli frutti tondeggianti. Questi alberi prosperano in climi temperati e subtropicali e richiedono terreno ben drenato e abbondante luce solare. La propagazione delle giuggiole può essere fatta attraverso semi o talee. La raccolta delle giuggiole avviene quando i frutti sono maturi, generalmente in estate o inizio autunno. Le giuggiole possono variare in colore da giallo a rosso a marrone, a seconda della varietà, e hanno una buccia sottile e commestibile che circonda una polpa dolce e tenera.

Dati nutrizionali per 100 grammi di giuggiole (frutto fresco):

- Calorie: circa 79 kcal
- Proteine: circa 1.2 g
- Carboidrati: circa 20 g
- Fibre: circa 3.9 g
- Grassi: circa 0.2 g
- Vitamina C: circa 69 mg (115% del valore giornaliero raccomandato)
- Vitamina A: circa 450 IU (9% del valore giornaliero raccomandato)
- Potassio: circa 250 mg (7% del valore giornaliero raccomandato)

Le giuggiole sono spesso consumate fresche, ma possono anche essere utilizzate per preparare marmellate, gelatine e dolci. La loro polpa dolce le rende ideali per snack o aggiunte a insalate di frutta. Inoltre, le giuggiole sono ampiamente utilizzate nella medicina tradizionale in molte culture per i loro presunti benefici per la salute.

GUARANÀ

Il guaranà è un arbusto originario dell'Amazzonia brasiliana e delle regioni circostanti. Le tribù indigene dell'Amazzonia, tra cui i Guarani e gli Maués, conoscevano il guaranà da secoli e lo utilizzavano come stimolante naturale e per le sue proprietà medicinali. I Guarani e altre tribù preparavano una bevanda chiamata "guaraná" macinando i semi del guaranà e mescolandoli con acqua per ottenere una pasta fermentata. Questa bevanda veniva tradizionalmente utilizzata per combattere la stanchezza e come tonico. Durante il periodo coloniale, il guaranà attirò l'attenzione dei colonizzatori europei e fu esportato in Europa, dove divenne un ingrediente popolare in bevande e tonici. Oggi, il guaranà è ampiamente coltivato in Brasile e altre parti del mondo ed è utilizzato in bevande energetiche e integratori.

Coltivazione del Guarana

Il guaranà cresce su una pianta rampicante che produce piccoli frutti rotondi contenenti semi. Questi semi sono ricchi di caffeina e teobromina, che conferiscono loro proprietà stimolanti. La coltivazione del guaranà richiede un clima tropicale e umido e terreno fertile. La raccolta dei frutti di guaranà avviene quando sono maturi e pronti per essere estratti i semi. I semi vengono essiccati e poi macinati per ottenere una polvere che viene utilizzata per preparare bevande energetiche, integratori o aggiunta a prodotti alimentari.

Dati nutrizionali per 100 grammi di guaranà (polvere di semi):

- Calorie: circa 325 kcal
- Proteine: circa 13.6 g
- Carboidrati: circa 50 g
- Fibre: circa 40 g
- Grassi: circa 2 g
- Caffeina: circa 300 mg (la quantità può variare)

Il guaranà è noto per la sua elevata quantità di caffeina ed è spesso utilizzato come ingrediente in bevande energetiche e integratori per aumentare l'energia e la vigilanza. La caffeina contenuta nel guaranà viene rilasciata più lentamente nel corpo rispetto al caffè, fornendo un effetto stimolante prolungato.

MELONE RETATO

Il melone retato, noto anche come melone cantalupo o melone a rete, è una varietà di melone originaria delle regioni dell'Asia occidentale, tra cui l'Iran, l'Iraq e l'Anatolia. La sua storia risale a migliaia di anni fa, ed è stata coltivata in queste regioni sin dai tempi antichi. Il nome "cantalupo" potrebbe derivare dalla località di Cantalupo, in Italia, dove questa varietà di melone fu coltivata per la prima volta dopo essere stata introdotta in Europa nel XVIII secolo. Tuttavia, il melone retato è stato conosciuto e apprezzato molto prima in altre parti del mondo. Oggi, il melone retato è coltivato in molte regioni del mondo con climi caldi e temperati, ed è noto per la sua buccia retata e la sua polpa dolce e profumata.

Coltivazione del Melone Retato

Il melone retato cresce su piante di melone, che sono rampicanti e producono frutti di varie dimensioni, solitamente di forma sferica. Queste piante richiedono un clima caldo e molta luce solare per prosperare. La propagazione può essere fatta attraverso semi o piantine. La raccolta dei meloni retati avviene quando i frutti sono maturi, generalmente in estate. La buccia esterna presenta una caratteristica rete o intreccio che cambia colore da verde a giallo o arancione quando il frutto è maturo. La polpa interna è solitamente arancione o gialla e ha un aroma dolce e profumato.

Dati nutrizionali per 100 grammi di melone retato (polpa):

- Calorie: circa 34 kcal
- Proteine: circa 0.8 g
- Carboidrati: circa 8.2 g
- Fibre: circa 0.9 g
- Grassi: circa 0.2 g
- Vitamina C: circa 36.7 mg (61% del valore giornaliero raccomandato)
- Vitamina A: circa 3387 IU (68% del valore giornaliero raccomandato)
- Potassio: circa 267 mg (8% del valore giornaliero raccomandato)

Il melone retato è spesso consumato fresco, tagliato a fette o a cubetti. È una scelta popolare durante la stagione estiva per il suo sapore dolce e rinfrescante. Può essere servito come dessert, aggiunto alle insalate o utilizzato per preparare frullati e sorbetti.

MELONE BIANCO INVERNALE

Il melone bianco invernale è una varietà di melone nota per la sua buccia esterna verde chiara e la polpa interna bianca, ed è originaria delle regioni del Medio Oriente e dell'Asia occidentale. Questa varietà di melone ha una storia di coltivazione che risale a migliaia di anni fa. Il melone bianco invernale è stato coltivato in queste regioni sin dai tempi antichi ed è diventato una parte importante della cucina e della cultura locali. Il suo nome deriva dalla sua capacità di essere conservato per lungo tempo, consentendo alle persone di godere del suo sapore anche durante l'inverno. Oggi, il melone bianco invernale è coltivato in molte parti del mondo con climi caldi e temperati, ed è noto per il suo sapore dolce e rinfrescante, così come per la sua lunga conservazione.

Coltivazione del Melone Bianco Invernale

Il melone bianco invernale cresce su piante di melone simili ad altre varietà di melone. Queste piante richiedono un clima caldo e molto sole per prosperare. La propagazione può essere fatta attraverso semi o piantine. La raccolta dei meloni bianchi invernali avviene quando i frutti sono maturi, generalmente in estate o all'inizio dell'autunno. La buccia esterna è solitamente verde chiara o beige, mentre la polpa interna è di colore bianco e ha un sapore dolce e delicato.

Dati nutrizionali per 100 grammi di melone bianco invernale (polpa):

- Calorie: circa 32 kcal
- Proteine: circa 0.8 g
- Carboidrati: circa 7.9 g
- Fibre: circa 0.4 g
- Grassi: circa 0.2 g
- Vitamina C: circa 18.7 mg (31% del valore giornaliero raccomandato)
- Vitamina A: circa 190 IU (4% del valore giornaliero raccomandato)
- Potassio: circa 267 mg (8% del valore giornaliero raccomandato)

Il melone bianco invernale è spesso consumato fresco, tagliato a fette o a cubetti. Il suo sapore dolce e la sua polpa rinfrescante lo rendono ideale per le giornate calde. Può essere servito come dessert, aggiunto alle insalate o utilizzato in varie preparazioni culinarie. La sua capacità di conservazione lo rende disponibile durante tutto l'anno.

DURIAN

Il durian, conosciuto come il "re dei frutti" in molti paesi del Sud-est asiatico, è originario delle regioni tropicali dell'Asia, tra cui Indonesia, Malaysia e Thailandia. La storia del durian risale a secoli fa, ed è stato coltivato e apprezzato in queste regioni per molto tempo. Il durian era noto tra le tribù indigene dell'Asia sud-orientale già prima dell'arrivo degli europei. I resoconti storici indicano che il durian era stato menzionato in documenti cinesi sin dal XIII secolo. Questo frutto, noto per il suo aroma pungente e il suo sapore unico, ha guadagnato una reputazione particolare tra i viaggiatori e gli esploratori europei che visitavano l'Asia. Oggi, il durian è coltivato in molte regioni tropicali del mondo ed è noto per la sua controversa combinazione di sapore e odore, che può variare notevolmente tra le diverse varietà.

Coltivazione del Durian

Il durian cresce su alberi di durian, che possono raggiungere altezze considerevoli e sono noti per le loro foglie verdi scure e i frutti grandi e spinosi. Questi alberi prosperano in climi tropicali umidi e richiedono una stagione di piogge seguita da una stagione secca per crescere e fruttificare. La raccolta dei durian avviene quando i frutti sono maturi, generalmente in estate. La buccia esterna del durian è ricoperta di spine appuntite, mentre la polpa interna è di colore giallo o arancione e ha un sapore ricco e cremoso. Il durian è noto per il suo odore pungente, che è una caratteristica distintiva.

Dati nutrizionali per 100 grammi di durian (polpa):

- Calorie: circa 147 kcal
- Proteine: circa 1.5 g
- Carboidrati: circa 27.1 g
- Fibre: circa 3.8 g
- Grassi: circa 5.4 g
- Vitamina C: circa 19.7 mg (33% del valore giornaliero raccomandato)
- Vitamina A: circa 44 IU (1% del valore giornaliero raccomandato)
- Potassio: circa 436 mg (12% del valore giornaliero raccomandato)

Il durian è noto per il suo sapore unico, che è spesso descritto come una combinazione di dolce e salato con un retrogusto leggermente amaro. È spesso consumato fresco, anche se può essere utilizzato in preparazioni culinarie dolci o salate, come gelati, frullati, zuppe e piatti principali. Tuttavia, il suo odore pungente può essere molto forte e sgradevole per alcune persone.

LITCHI

Il litchi, noto scientificamente come Litchi chinensis, è originario del sud della Cina, dove è stato coltivato per migliaia di anni. La storia del litchi risale a più di 2.000 anni fa, quando veniva menzionato nei testi cinesi antichi e veniva considerato un frutto prelibato. Il litchi ha una lunga storia di coltivazione in Cina, e nel corso dei secoli è diventato un simbolo di buona fortuna e prosperità in molte culture asiatiche. Durante le dinastie imperiali cinesi, il litchi era un frutto riservato all'aristocrazia. Nel corso del tempo, il litchi è stato introdotto in altre regioni dell'Asia, come l'India, il Vietnam e la Thailandia, ed è diventato popolare in tutto il mondo per il suo sapore dolce e la sua polpa succosa.

Coltivazione del Litchi

Il litchi cresce su alberi di litchi, noti per le loro foglie verdi e lucide e i frutti rotondi o ovali. Questi alberi prosperano in climi tropicali e subtropicali e richiedono terreno ben drenato e abbondante luce solare. La propagazione può essere fatta attraverso semi o innesto su portinnesti specifici. La raccolta dei litchi avviene quando i frutti sono maturi, generalmente in estate. La buccia esterna è di solito di colore rosso o rosa e può essere scabra o liscia, a seconda della varietà. La polpa interna è traslucida, bianca o rosa, e ha un sapore dolce e profumato.

Dati nutrizionali per 100 grammi di litchi (polpa fresca):

- Calorie: circa 66 kcal
- Proteine: circa 0.8 g
- Carboidrati: circa 16.5 g
- Fibre: circa 1.3 g
- Grassi: circa 0.4 g
- Vitamina C: circa 71.5 mg (119% del valore giornaliero raccomandato)
- Vitamina B6: circa 0.1 mg (7% del valore giornaliero raccomandato)
- Potassio: circa 171 mg (5% del valore giornaliero raccomandato)

Il litchi è spesso consumato fresco, sbucciato e privato del nocciolo. È noto per il suo sapore dolce e fragrante, che lo rende un frutto estremamente popolare in molte cucine asiatiche. Può essere mangiato da solo come spuntino, aggiunto a insalate di frutta o utilizzato in dolci e dessert.

PITANGA

La pitanga, conosciuta anche come ciliegia delle Antille o Surinam cherry, è originaria delle regioni tropicali dell'America centrale e del Sud America. Questo frutto ha una storia di utilizzo da parte delle popolazioni indigene delle Americhe che risale a molti secoli fa. La pitanga era conosciuta e coltivata dagli antichi popoli delle Americhe, tra cui gli Aztechi e i Maya in Messico e gli indigeni del Brasile, molto prima dell'arrivo degli europei. Questi popoli utilizzavano la pitanga sia come alimento che per scopi medicinali. Dopo la colonizzazione europea delle Americhe, la pitanga fu introdotta in altre parti del mondo e si diffuse in diverse regioni tropicali e subtropicali. Oggi è coltivata in molti paesi tropicali per il suo sapore unico e le sue proprietà nutrizionali.

Coltivazione della Pitanga

La pitanga cresce su alberi di pitanga, che sono noti per le loro foglie verdi scure e i piccoli frutti rotondi o ovali. Questi alberi prosperano in climi tropicali e subtropicali e richiedono terreno ben drenato e abbondante luce solare. La propagazione può essere fatta attraverso semi o talee. La raccolta delle pitanga avviene quando i frutti sono maturi, generalmente in estate o all'inizio dell'autunno. La buccia esterna può variare da gialla a rossa a viola, a seconda della varietà, e la polpa interna è di solito rossa o arancione. La pitanga ha un sapore agridolce e un aroma unico.

Dati nutrizionali per 100 grammi di pitanga (frutto fresco):

- Calorie: circa 43 kcal
- Proteine: circa 0.9 g
- Carboidrati: circa 9.8 g
- Fibre: circa 1.6 g
- Grassi: circa 0.4 g
- Vitamina C: circa 37.3 mg (62% del valore giornaliero raccomandato)
- Vitamina A: circa 1154 IU (23% del valore giornaliero raccomandato)
- Potassio: circa 200 mg (6% del valore giornaliero raccomandato)

La pitanga è spesso consumata fresca, ma può anche essere utilizzata per preparare succhi, marmellate, gelatine e dolci. Il suo sapore agridolce la rende adatta sia per piatti dolci che salati.

BACCHE DELL'ARBUTUS

Le bacche dell'arbutus, conosciute anche come "corbezzoli" o "mirtilli spagnoli", sono i frutti dell'albero di arbutus, appartenente alla famiglia delle Ericaceae. Questi alberi sono originari dell'Europa meridionale e delle regioni circostanti del Mediterraneo. La storia delle bacche dell'arbutus è antica e risale a tempi remoti. Gli antichi Romani conoscevano già i corbezzoli e li consumavano freschi o utilizzati nella preparazione di dolci e bevande fermentate. Nell'antichità, si credeva che gli alberi di arbutus avessero poteri magici e curativi, e le bacche venivano spesso associate a riti e credenze popolari. Oggi, le bacche dell'arbutus sono apprezzate per il loro sapore unico e la loro versatilità in cucina. Vengono consumate fresche, utilizzate in marmellate, gelatine, dolci e liquori.

Coltivazione delle Bacche dell'Arbutus

Gli alberi di arbutus crescono in aree boschive e richiedono un clima mediterraneo o temperato. Sono noti per le loro foglie perenni e le bacche rosse o arancioni che crescono in grappoli. La propagazione può essere fatta attraverso semi o talee. La raccolta delle bacche dell'arbutus avviene quando sono mature, generalmente in autunno. Le bacche hanno una buccia rugosa e dura e una polpa dolce e granulosa che circonda i semi. Il loro sapore unico è una combinazione di dolce e acidulo.

Dati nutrizionali per 100 grammi di bacche dell'arbutus (fresche):

- Calorie: circa 43 kcal
- Proteine: circa 0.5 g
- Carboidrati: circa 9.2 g
- Fibre: circa 2.3 g
- Grassi: circa 0.5 g
- Vitamina C: circa 20.9 mg (35% del valore giornaliero raccomandato)
- Vitamina A: circa 54 IU (1% del valore giornaliero raccomandato)
- Potassio: circa 260 mg (7% del valore giornaliero raccomandato)

Le bacche dell'arbutus sono spesso consumate fresche come frutta da tavola o utilizzate nella preparazione di salse, gelati, torte e marmellate. La loro dolcezza e il loro sapore leggermente acidulo le rendono un ingrediente interessante per molte preparazioni culinarie.

FEIJOA

La feijoa, nota anche come "ananas guava" o "guava di sella", è originaria delle regioni subtropicali dell'America meridionale, in particolare del Brasile, dell'Uruguay e dell'Argentina. Questo frutto ha una storia di coltivazione che risale a diversi secoli fa. Gli indigeni sudamericani conoscevano già la feijoa e la coltivavano per il suo sapore unico e le sue proprietà nutritive. I primi resoconti sulla feijoa risalgono al XVIII secolo, quando fu scoperta dai colonizzatori europei. Il suo nome scientifico, Acca sellowiana, è un omaggio al botanico svizzero Friedrich Sellow, che studiò la flora del Brasile. La feijoa è stata successivamente introdotta in altre regioni subtropicali e temperate del mondo, tra cui la Nuova Zelanda, dove è diventata particolarmente popolare. Oggi è coltivata in diverse parti del mondo per il suo sapore dolce e aromatico.

Coltivazione della Feijoa

La feijoa cresce su alberi di feijoa, noti per le loro foglie verdi scure e i frutti ovali o ellittici. Questi alberi prosperano in climi subtropicali o temperati e richiedono terreno ben drenato e abbondante luce solare. La propagazione può essere fatta attraverso semi o talee. La raccolta delle feijoa avviene quando i frutti sono maturi, generalmente in autunno. La buccia esterna può variare da verde a verde scuro e può essere rugosa o liscia, a seconda della varietà. La polpa interna è di solito traslucida e ha un sapore dolce con note di ananas e menta.

Dati nutrizionali per 100 grammi di feijoa (polpa fresca):

- Calorie: circa 55 kcal
- Proteine: circa 0.9 g
- Carboidrati: circa 14.9 g
- Fibre: circa 6.4 g
- Grassi: circa 0.6 g
- Vitamina C: circa 32.9 mg (55% del valore giornaliero raccomandato)
- Vitamina B6: circa 0.1 mg (5% del valore giornaliero raccomandato)
- Potassio: circa 172 mg (5% del valore giornaliero raccomandato)

La feijoa è spesso consumata fresca, tagliata a metà o a fette. Il suo sapore dolce e aromatico la rende ideale come spuntino o ingrediente per marmellate, gelatine, dolci e bevande.

BREADFRUIT

Il breadfruit, noto anche come "albero del pane", è originario delle regioni tropicali dell'Oceano Pacifico, in particolare delle isole dell'Asia sud-occidentale e del Pacifico occidentale. Questo albero ha una storia di coltivazione che risale a secoli fa ed è stato un importante alimento per molte culture dell'area. Gli alberi di breadfruit erano coltivati e utilizzati da molte popolazioni indigene delle isole del Pacifico molto prima dell'arrivo degli europei. Il loro nome scientifico, Artocarpus altilis, deriva dalla parola malese "tertulis," che significa "grande albero." Nel XVIII secolo, il breadfruit attirò l'attenzione dell'esploratore britannico William Bligh, che cercò di introdurre questa pianta nelle colonie britanniche dei Caraibi come alimento per gli schiavi. Questo evento è diventato noto come la "Ribellione del Pane" a Tahiti. Oggi, il breadfruit è coltivato in diverse parti del mondo tropicale ed è noto per la sua ricca polpa amidoide, che può essere cucinata in varie preparazioni culinarie.

Coltivazione del Breadfruit

L'albero del breadfruit è noto per le sue grandi foglie verdi scure e i frutti sferici o ovali, che possono raggiungere dimensioni notevoli. Questi alberi prosperano in climi tropicali umidi e richiedono terreno ben drenato e abbondante luce solare. La propagazione può essere fatta attraverso semi o innesto su portinnesti specifici. La raccolta del breadfruit avviene quando i frutti sono maturi, generalmente in estate o in autunno. La buccia esterna è spessa e rugosa, mentre la polpa interna è di colore bianco o giallo e ha una consistenza amidoide. Il breadfruit è noto per il suo sapore neutro, che lo rende adatto sia per piatti dolci che salati.

Dati nutrizionali per 100 grammi di breadfruit (polpa cotta):

- Calorie: circa 103 kcal
- Proteine: circa 1.2 g
- Carboidrati: circa 27.1 g
- Fibre: circa 4.9 g
- Grassi: circa 0.2 g
- Vitamina C: circa 29 mg (48% del valore giornaliero raccomandato)
- Vitamina A: circa 25 IU (1% del valore giornaliero raccomandato)
- Potassio: circa 490 mg (14% del valore giornaliero raccomandato)

Il breadfruit viene spesso cotto bollito, arrostito o fritto ed è utilizzato in piatti salati come contorni o piatti principali. La sua polpa può anche essere utilizzata per preparare dolci e dessert.

LONGAN

Il longan, noto scientificamente come Dimocarpus longan, è originario delle regioni tropicali dell'Asia orientale, tra cui Cina, Thailandia, Vietnam e Malaysia. Questo frutto ha una lunga storia di coltivazione e utilizzo in queste regioni. Il longan è stato coltivato in Cina per oltre 2.000 anni ed è stato menzionato in antichi testi cinesi come una prelibatezza. Era noto come il "frutto del drago occhio" a causa della sua buccia marrone e trasparente, che rivela la polpa bianca e tonda simile a un occhio quando viene aperta. Nel corso dei secoli, il longan si è diffuso in altre parti dell'Asia e, successivamente, in molte regioni tropicali del mondo. È noto per il suo sapore dolce e il suo aroma profumato.

Coltivazione del Longan
L'albero di longan è noto per le sue foglie lucide e verdi scure e i frutti rotondi o ovali. Questi alberi prosperano in climi tropicali e subtropicali e richiedono terreno ben drenato e abbondante luce solare. La propagazione può essere fatta attraverso semi o talee. La raccolta del longan avviene quando i frutti sono maturi, generalmente in estate. La buccia esterna è marrone e trasparente, e la polpa interna è bianca e succosa, simile a un'uvetta. Il longan è noto per il suo sapore dolce e aromatico.

Dati nutrizionali per 100 grammi di longan (frutto fresco):
- Calorie: circa 60 kcal
- Proteine: circa 1.3 g
- Carboidrati: circa 15.1 g
- Fibre: circa 1.1 g
- Grassi: circa 0.4 g
- Vitamina C: circa 84 mg (140% del valore giornaliero raccomandato)
- Vitamina B2 (Riboflavina): circa 0.135 mg (8% del valore giornaliero raccomandato)
- Potassio: circa 266 mg (8% del valore giornaliero raccomandato)

Il longan è spesso consumato fresco come frutta da tavola, ed è un ingrediente comune in macedonie di frutta e dessert. Il suo sapore dolce e il suo alto contenuto di vitamina C lo rendono un'alimento apprezzato in molte cucine asiatiche.

LA FRUTTA IN IMMAGINI E PAROLE

© Copyright 2023 – Johnny Lemonade

Milton Keynes UK
Ingram Content Group UK Ltd.
UKHW020222301123
433460UK00006B/193